JN057968

人生の後半戦、
私たちはもっと
輝こう!

女性50代
からの
キャリアデザイン

キャリアコンサルタント
森ゆき 著

セルバ出版

はじめに

次のページのグラフ（図表1）を見てください。これは、「もういちど生まれかわるとしたら、あなたは男と女の、どちらに、生まれてきたいと思いますか？」という質問に対する、20歳以上の女性の回答の、１９５８年～２０１３年までの変化をまとめたものです。

「もう一度女に生まれたい」

と回答した女性の割合は、調査が開始された１９５８年ではたったの27％。この年は64％の女性が、次は男に生まれたいと回答しています。それに対して、２０１３年は、71％の女性が次も女に生まれたいと答えています。男に生まれたいと答えた女性は23％になっていますので、この55年間の間で、女に生まれたいか男に生まれたいかの割合が反転したということです。

この調査が始まった１９５８年は、ちょうど今の50代～60代が生まれた頃の時代です。この頃の女性たちの意識と、現代の女性たちの意識は大きく変わっていると言えます。女として生まれたことへの満足度が高まってきている訳ですから、私たちはよい時代に生まれてきた、恵まれた世代だと言っていいでしょう。

私自身も、次もやっぱり女がいいと思っています。特に女性の50歳以降は最高だと思います。今は１００年生きる時代ですから、50歳といえばあと50年ぐらい生きる可能性が高いわけです。この後半の人生は、男性よりも女性のほうが、楽しめることがたくさんあると思っています。

【図表１　もういちど生まれかわるとしたら、あなたは男と女の、どちらに、生まれてきたいと思いますか？（20歳以上の女性の回答）】

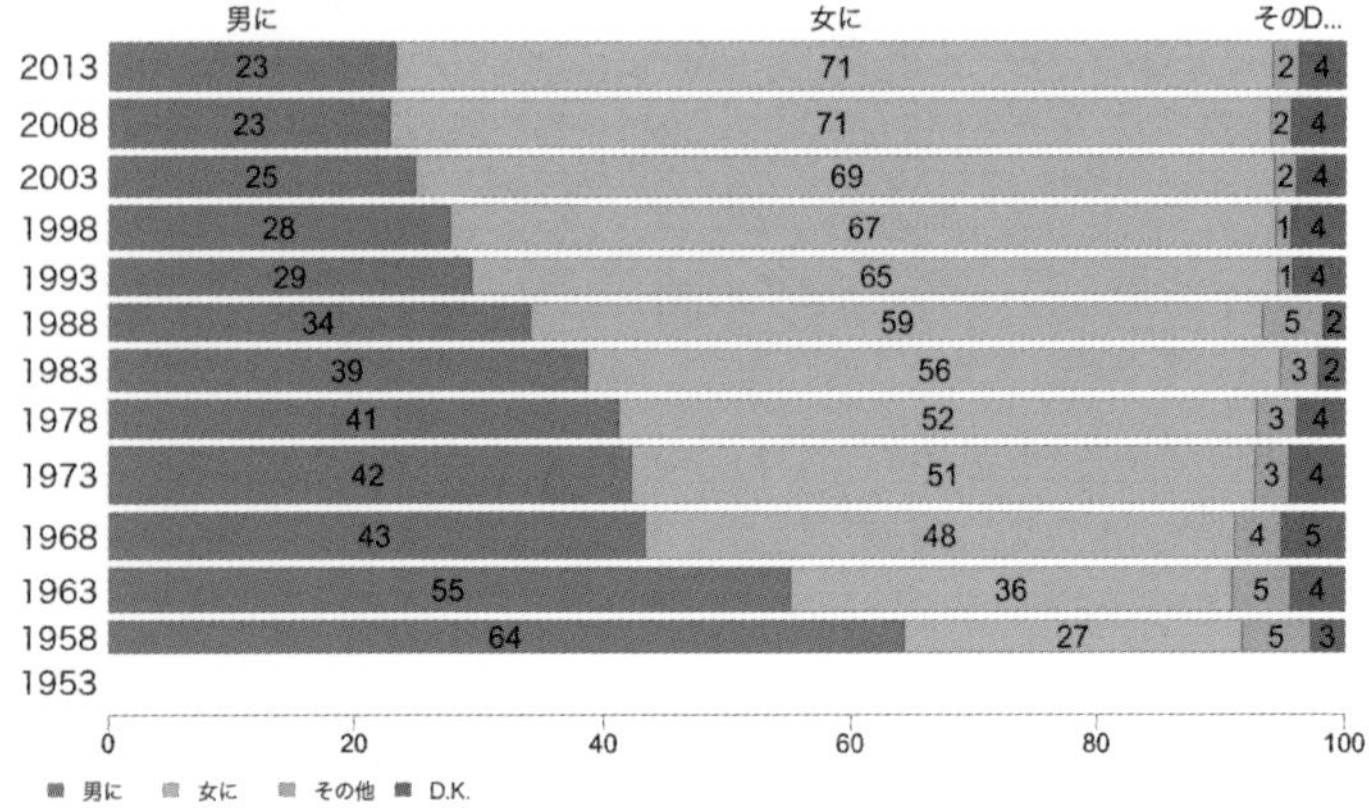

引用：中村 隆・土屋 隆裕・前田 忠彦「国民性の研究－全国調査－」統計数理研究所　調査研究リポート

私の周りには、私と同じように、50代以降の時間にワクワクしている女性たちがたくさんいて、

「これからいろいろ、楽しいことができるわね」

「仕事も遊びも、自由自在ね」

「一緒に楽しいことたくさんやろう！」

と語り合える女友達がたくさんいます。みんな張り切っています。

でも中には、50代からの可能性に気づいていない女性もいますね。とてももったいない！

50歳という年齢を、

「もう50歳だし、今さらねえ」

と感じるのか、それとも、

「人生半分が過ぎたところ。まだまだ新しく挑戦していくのが楽しみだわ！」

というように思えるかで、人生の後半戦の生き方は大きく違ってきます。まだこのあと何十年も生きていくのですから、その時間を楽しく充実した時間にしないともったいないです。

「よし、私の人生の後半を、もっと輝かせよう！」

本書を読んで、そんな風に感じてもらえたら嬉しいです。

私自身も、１９６８年生まれで現在52歳。私たちの人生はまだ半分しか過ぎていません。後半戦はここからスタートです。一緒に充実させていきましょう。

森　ゆき

２０２０年10月

人生の後半戦、私たちはもっと輝こう！　女性50代からのキャリアデザイン　目次

第3章 自分らしいキャリアで輝く50代女性たちの事例

第4章　人生を長く楽しむ、心身の健康維持のコツ

第5章　人間関係のストレスから解放される、周囲との付き合い方のコツ

第6章　仕事も私生活も充実させる、時間管理のコツ

第7章　やっぱり気になる、介護のこと、お金のこと

第8章　50代からのキャリアの見つけ方、未来の設計図を描こう

第1章　女性50代、ここからが人生の新しいスタート！

1　人生100年時代、お手本はない

人生100年時代、あなたの寿命予測は？

今、人生100年時代と言われています。でも、そんなふうに言われても、本当にみんなが100歳まで生きるの？　自分は本当に、そんなに生きて行くのかしら？　と感じてる人は多いのではないでしょうか。

もちろん私も、自分が何歳まで生きるかなんてわかりません。しかし幸い、命に関わるような病気は今のところなく、毎年の人間ドックでも、年相応にまずまずの結果です。健康にもまあまあ気を付けています。

突然の事故に合ったり、すごい感染症にかかったりしない限りは、自分は平均か、それより少し長く生きる可能性が高いのではないかと思っています。

日本の女性の平均寿命は、87・45歳(2019年厚生労働省まとめ)。女性の2人に1人は90歳まで、12人に1人は100歳まで生きるそうです。これを踏まえると、私は自分の寿命は95歳くらいではないかと思っています。

また今後、今よりももっと健康意識が高まったり、医学が進歩したりすることで「2045年には、平均寿命が100歳に到達する」と予測する専門家もいます。私も、自分が100歳まで生きる可能性は十分にあると思っており、１００歳まではお金にも困らないようにしておかなければと思っています。あなたは、自分の寿命は何歳くらいと予測していますか？

昭和25年の女性の平均寿命は60歳

昭和25年頃の日本は、女性の平均寿命は60歳くらいでした。この時代であれば、女性は結婚をして子どもを産んで、やっと子育ても介護も終わって自由になったと思ったら、まもなく自分の寿命が終わると言う訳です。自分の人生をじっくり考える時間も、自由の身になって楽しむ時間もなかったことでしょう。家族のために尽くして、一生が終わるのが女性の人生だった訳です。

でも今は、２人に１人が90歳まで生きるのです。50代になって自由になって、あと40～50年を、どのように生きていきますか？

私たちは、誰の真似もできません。こんなに長く生きた世代は今までありませんから。母の真似も、祖母の真似もできない。お手本がない中で、寿命は今後も着々と延びて行くでしょう。

人生の後半を納得感のある時間にする

せっかく与えられたこの長い人生の後半を、いかに幸せで納得感のある時間にするかが重要です。終わりよければすべてよし、と言いますね。後半をいかによい時間にするかが、自分の人生をよいものにするカギだと思うのです。

現代は、単に命の長さが延びているだけではありません。シニア世代の体力は向上しています。また、見た目の若さも保たれるようになってきました。私が子どもの頃、50代の女性は、正直に言って「おばあさん」に見えていたように思います。少なくとも60歳はおばあさんだと思っていました。でも、今は違います。60歳でおばあさんに見える女性は、ほとんどいないと思います。見た目も体力も、まだまだ十分に余力のある現代の50代。今どき、50代で「もう年だから」なんて言う人をみると、「何十年前の感覚の人でしょう!?」と思ってしまいます。

これからの50代は、お手本のない時代を生きていきます。しなやかに、若々しく、美しく、そして楽しく、社会の中で活躍しようではありませんか。私たちはそれを実現できる時代に生まれてきている、過去に例のないほど幸運な女性なのです。

2　自分らしい人生は後半で決まる

前半は与えられた人生

人生100年時代においては、50代はちょうど、前半と後半の境目です。だからこの50代という大事な年齢で、どのような考え方をしているか、いかに古い考えから抜け出して気持ちを未来に向けられるかが、とても重要だと思うのです。

少々乱暴な言い方ではありますが、前半は所詮、与えられた人生だと思います。人生の前半というのは、親や周囲の大人たちに用意されたものを受け入れたり、社会から与えられた役割や仕事をこなしてきたりした時間だったと言っていいと思うのです。

例えば、生まれた場所や子どもの頃に育った環境は、自分で選んだものではありません。日本に生まれたのも偶然ですし、日本の中のどの地域で生まれ育ったか、どのような両親のもとで育てられたかも、自分で選んだ訳ではありませんね。たとえ育った環境がよくなかったとしても、それは自分のせいではないし、よかったとしても自分の功績ではないのです。

前半は「何歳で何をする」が決まっていた

どの学校に行くかとか、どの会社に就職するかということも、当時は自分で選択したように感じていたかもしれませんが、後になってよく考えてみると、与えられた環境の中から、ほぼ必然のように選択したケースが多いのではないでしょうか。それは本当に自分で選択した結果なのかというと、そうではなくて、たまたまそういう環境にいたから手に入れたというだけではなかったでしょうか。

大人になってからも、だいたい何歳ぐらいになると結婚するものだ、というように思って結婚したり、結婚したら子どもを産んで育てるものだと思ったりします。結婚や出産も、自分で選んだと思っていても、「何歳になったら何をするものだ」という社会通念に従って行動した結果とも言えると思うのです。こんなふうに、人生の前半は、自分の意思で決めて進んできたというよりは、たまたま偶然与えられた環境の中で、与えられた役割をこなしてきた時間でした。でも、50代以降の後半戦はそうはいきません。

50代以降の女性に、ルールは何もない

今50代の女性たちは子育てもほぼ終わり、時間は十分にあるはず。その十分ある時間に何をすべきか？　50代以降の女性たちが、次にどのような行動をとるべきかというルールは何もないし、みんなが常識と思うような社会通念のようなものもありません。なぜ社会通念すらないかと言うと、こんな長寿社会は今まで誰も経験していないからです。誰も経験していないから誰もわからない。誰も選択肢を用意してはくれないのです。

逆に言えば、自分のやりたいことが、そのまま、自分のやるべきことになります。自分で方向を決めて、自分で行動するしかないでしょう。人生の後半は、ボーとしていては、誰も何も与えてくれないのです。

3　過去の経験は活かしてもいいし、活かさなくてもいい

これまでの経験は与えられたもの

50年も生きてくると、誰しも色々なことを経験してきています。この過去の経験を人生の後半

にどのくらい活かしていくべきなのでしょうか。

私は本業がキャリアコンサルタントですので、日頃から、様々な人たちから働き方の相談や、生き方の悩みなどお聞かせいただいています。そんな中で、よく聞かれるのが「経験は活かしたほうがいいか？」と言うものです。

「これまでの業務経験を活かすにはどうしたらいいでしょうか？」

「私は今まで、今後に活かせるような仕事を何もやってきてないのですが、どうしたらよいでしょうか？」

という質問をよくいただきます。過去の経験は、活かせるなら活かしてもいいのだけれど、無理してそれを活かさなければいけないと思って、経験を軸に未来を考えることに執着する必要なないと思います。

経験は忘れてしまってもいい

経験にこだわる必要がないことの一番の理由は、先にも書いたように、人生前半に自分が経験してきたことというのは、必ずしも自分がやろうと思ってやったことではないかもしれないからです。自分が本当にやりたくてやっていたとか、それが得意であるとか、そういうことであれば、その経験を今後にもぜひ活かしていくとよいと思います。でもそうでなければ、自分にとって、その経験が本当に大事かどうかは、よく考えてみたほうがいいでしょう。

例えば、

「私は、ずっと経理の仕事をしていたので、経理業務の経験を何かに活かしたいです」

と、言っている人がいるとします。私が、

「あなたは経理の仕事が、好きなのですか？」

と聞くと、

「いや別に、そういう訳ではないです。ただ、今までずっとやってきてたし、これだったらわかるので」

と言うケース、多いですね。

この人の場合、会社でたまたま経理部門の配属になって、そして経験ができた。だからこれならできると思っている。でもその人が、本当に経理業務が向いているのかは、わからないのです。他にもできることはあるかもしれないし、もしかしたら経理業務よりもずっと向いている仕事があるかもしれません。

その人が経理業務が好きで、これを今後もやりたいと感じているならそれでいいのです。でも、別に好きな訳でもないのであれば、その経験は、忘れてもいい。過去の経験は忘れて、あらためて、自分は何をしたいのかを考えてもよいのではないかと思います。

50年間生きてきた経験は必ず活かされる

この先の人生はまだまだ長いのだから、仕事でも趣味でも、過去にたまたま与えられたからやっていたことの経験に縛られる必要はありません。もっと自由に、真っ白な気持ちでこれからのことを考えてみるとよいと思います。

これまでの経験を活かすことにこだわり過ぎると、新しい挑戦に目が向きにくくなります。時代はどんどん変わっています。私たちが30年以上前に初めて社会人になったときと今とでは、仕事の種類も、働き方もだいぶ変わっています。

50代からのスタートは、今までをリセットして、新規で何かを始めてみるいいタイミングです。どんなに新しいことでも、50年間生きてきた経験は、必ずどこかで活かされるはずです。この先、どんな新しい挑戦でも、自分が今まで努力をして身に付けてきた能力は、必ず活かされるのです。

4　50代は知性・自由・未来が3拍子揃った最高の年代

50代以降の脳は優秀

歳をとると、記憶力が低下すると言います。それは事実だと思いますが、でもそれを、あたかも脳の機能が落ちているかのような表現をするのを目にすると、「そうじゃないのにな」と思ってしまいます。

新しい情報をを記憶しておくインプット機能は、たしかに歳をとってくると衰えてきます。でも、脳の別の機能、アウトプット機能は、むしろ年齢とともに上がってくるそうです。

脳のアウトプット機能とは、今まで自分が脳の中に入れてきた記憶を、必要なときに取り出して活用する機能です。単に暗記をした情報を取り出すということではなく、今までの経験の記憶から、「あのときああいう経験があったから、次はこうすればいいんだ」というように、必要なときに過去の経験を引き出してきて考えて判断する能力です。つまり、理解力、判断力、問題解決力、意思決定力、説明力などですね。

これらの能力は、若い頃よりも40代以降の人のほうがずっと高いです。そしてその高さは、50代以降も続き、ますます研ぎ澄まされてきます。この力を、この後の人生で大いに発揮しなければもったいない。今まで50年間生きてきた中で経験したこと、考えてきたこと、培ってきたことを、今後はどんどんアウトプットしていきましょう。

「いいわねえ！　50代が一番楽しいわよ！」

ある素敵な女性に、数年前にお会いしたときに言われた言葉がとても印象的でした。その方は私よりも25歳くらい年上なのですが、気品があって賢くて、まっすぐに前を見る視線の女性です。知人を介して一緒に食事に同席させていただいた際のことです。

「森さん、今、おいくつ?」

と、その方に聞かれたので、

「もうすぐ50歳になります」

と答えました。するとその方は、

「いいわねえ！　50歳！　私、今までの人生を振り返ってみても、50代が一番楽しかったわ！」

とおっしゃいました。

「40代までは子育てがあって忙しかったけど、50代はフリーよね。楽しいことをたくさんできたし、旅行にもずいぶん行ったわ。70歳を過ぎると、さすがに体力にちょっと不安が出てきて、１人で知らない所に行くのが心配になって来たわ。50代は何の制約もなく、何でもできるときね。50代をうんと楽しんでね！」

こんなふうに言っていただいたのです。その言葉を聞いて、そうか、これから人生のいい時間がくるのだなと思い、とてもワクワクしました。50代をうんと楽しもうと思っています。

5　踏み出さない言い訳をしない

介護でやりたいことを諦める時代ではない

「いや、でも、いずれ介護があるし」

と言う人がいます。つまり、こんな風に言う人です。

「私だってね、何か始められたらいいとは思っているのよ。やりたいことだって、色々あるし。でもね、ほら、親が高齢だから、いずれ介護が必要だと思うのよね。だから、何かしようと思っても無理なのよ」

たしかにいずれは誰しも、親の介護に直面することでしょう。しかし、それはいつですか？　私の両親も70代後半で、いつ人の助けが必要になるかわかりません。でも、今後、介護が必要になったとき、24時間、私が張り付いていなければいけないでしょうか？　そんなことはないと思います。介護に関しては第7章で触れますが、正しい知識があれば、介護と自分のやりたいことを両立していくことは十分に可能です。むしろ、両立させていかなければならないのです。

今は親の世代だって、元気に長生きをする時代です。まだまだ10年も20年も、元気に過ごしてくれるかもしれない。いつあるかわからない介護を言い訳にするのはやめましょう。

「今さらこの歳で？」と思うことはありますか？

50代になって、今から何か新しいことを始めようと思ったときに、「いやでも、もう今さらこの歳で始めるのは、無理でしょ」と思うことはありますか？　そんなことはないと思います。私は、何でもできるとまでは言いませんが、ほとんどのことはできるだろうと思っています。

できないことは、そうですね、例えば、今から練習を始めてクラシックバレエ団に入りたいとか、マラソンでオリンピック選手に選ばれたいとか、そういう体力勝負のようなものは難しいかもしれません。あとは、年齢制限が明確に決められているようなもの、これも仕方がありません。でも逆に言うと、これら以外で「今からでは挑戦できないこと」って、あるでしょうか? 先ほど書いたように、50代以降でも「ほとんどのことはできる」と私は思います。

仕事は資格がなくても始められる

仕事に関しても、やりたいと思うことは、今さらと思わずに、やってみたほうがいいと思います。

「初心者だからできないのでは?」

「資格がないとできないのでは?」

と考えて尻込みをする人も多いですが、ほとんどの仕事が、経験も資格もなくても始めることができます。

例えば保育。保育士という資格はありますが、資格がなくても保育助手とか保育アシスタントという職種で、保育士と一緒に保育に携わることができます。介護や看護の仕事でも、同様です。

また、医療事務という資格がありますが、資格のない人でも一部の業務を除いてほとんどの医療事務業務をこなすことができます。資格がないとできない仕事もあるけれど、多くの仕事は資格がなくても携わることができるのです。興味のある分野では、まずは実際にやってみて、長く続けていきたいと思ったら資格を取る勉強をするとよいと思います。

趣味でも仕事でも、自分にできるかどうかは、やってみないとわかりません。できるとわかっていることしかやらないのでは、世界が広がらないし、できることも増えません。やってみて、や

は り自分には向いていないと思ったらやめてもいいのです。
「できるかどうかはわからないけど、まずはやってみよう」という挑戦する気持ちが大切だと思います。

6　やりたいことが見つからないときにするべきこと

やりたくないことをやめることから始める

自分は何がやりたいのか、それを探したいのだけれど、なかなか見つからないときがあります。そんなときはどうしたらいいでしょうか。

まずは「やりたくないこと」から考えてみてください。やりたいことを始めるというのは、少々ハードルが高いものです。でも、やりたくないことをやめるために行動を起こそうと思えば、だいぶハードルが下がるはずです。

例えば私の場合、22年間会社員を続けていて、45歳のときに悩み始めました。このままこの会社でいいのかな、とか、このまま会社員を続けていていいのかな、と悩み始めて、その結果、会社を辞めてフリーランスになりました。そのときは、やはり何がやりたいというよりも先に、これはやりたくない、という思いが強かったと思います。

私がその当時勤めてた会社は、インターネット・サービスの会社だったのですが、私が入社した当時は創業10年、従業員数90名ほどの会社でした。そこからインターネット業界の成長とともに会社もどんどん成長していき、私が辞める頃には350名ほどの会社になっていました。

そのどんどん成長してくる間には、大変なこともたくさんありましたけれども、それが後から思えば楽しかった。会社が成長するために、新しいことに次々と取り組むのですが、そのための新規プロジェクトを、私にもいろいろと任せてもらいました。プロジェクトは上手くいったりいかなかったりです。私は、

「どうやったら上手くいくんだろう？」

「次はこんなことをやってみたらどうだろう？」

などと考えながら、トライ＆エラーを繰り返して取り組んでいました。楽しくてやりがいのある仕事でした。

もうここにはやりがいは存在しない、という想い

ところが会社がある程度大きくなってくると、安定して運用していくようなフェーズに入っていきたいと、会社の方針に変化があったのです。そして、

「今まで森さんには色々新しいことにチャレンジしてもらってたけれども、今後はそういう仕事はあまりないから」

と会社から話がありました。

また、役職についても話がありました。社長に呼ばれて、「会社としては森さんをこれ以上の役職に就けるつもりはない」という意味の言葉を遠回しに言われました。そのとき、これは私自身の努力でなんとかなるものではないなと感じました。

このまま社員として給料をもらい続けることは可能だけれども、それだけでは自分の満足感には繋がらない。そんな生活がこのまま定年まで続くのは嫌だ、と私はとてもはっきりと思いました。

辞めたい気持ちが、次のチャレンジの始まり

転職をするか、もしくは独立をするか、まだ決めてはいなかったけれど、とにかくこの会社はもう出ようと思いました。実際、次に何をしたいかが見つかるまでには、ここから1年以上かかりました。でも、そのときはとにかく出て行くことは決めていましたので、一歩踏み出さない訳にはいきませんでした。辞めたい気持ちが、次のチャレンジへの背中を押してくれたのです。

私たちは今からまだ40年も50年も生きていくのです。このままだと何か物足りないなとか、もっと手応えのあることをしたいとか、何かそういう思いがあるのであれば、早めに一歩踏み出すということを考えてみてもいいと思います。

やりたくないことをやめて、少しずつでも自分がいいと思うことを始めてみると、やっているうちにだんだん、やりたいことが見えてくるものです。

7　自分に投資するという考えを持つ

自分のためにお金や時間を使う

新しいことを始めようとするとき、または今やってることをもっとレベルアップしたいと思うようなときに、自分に投資する、という考え方を持つことが大切です。

自分に投資をするとはどういうことかというと、未来の自分のために、お金や時間を使うことです。投資ですから、かけた分のお金や時間に見合った見返りが得られるかどうかはわかりません。上手くいくとは限らないのです。でもだからと言って、お金をかけるのがもったいないと感じたり、必要な時間を確保する努力をしなかったりすると、いつまで経っても何も起こらないと思うのです。

例えば、何かの資格を取ろうとか、何かができるようになるためにトレーニングを受けようと思ったときに、世の中にはたくさんのセミナーが存在します。有料のものだけでなく、無料で教えてくれるものもありますね。その中で、どのセミナーを選ぶか。その選び方で、その人がどれだけ実力をつけることができるかが決まってくるものです。

無料か有料か、安いか高いかと言うことよりも、どのセミナーの内容が最も自分の役に立つかを基準として考えられる人でなければいけないと思うのです。無料のセミナーばかりを選んで受講して、たくさん勉強したつもりになっている人は、自分に投資ができない人です。それでは、自分がサービスを提供する立場になったときに、お客さんから十分なお金を受け取ることができるようにはなれないと思います。

自分のために惜しまずに支払えることが大切

無料のセミナーが悪いという訳ではありません。無料でも、内容のよいセミナーで、自分の受講目的を満たしてくれるセミナーは、私もありがたく受講させていただくことがあります。でも、自分に必要な内容だと思ったら、有料セミナーに惜しまずに受講料を支払える気持ちが必要です。

無料がダメとか、有料ならいいとか、値段の高いセミナーに参加するのがいいとか、そういうことではなくて、自分のために使うお金を惜しまないということが重要なのです。そして同時に、何を達成するために払っているお金であるのかも意識することが大切です。

何かに挑戦するためには、リスクを取る覚悟が必要です。自分に投資をしても、どれだけの見返りを得られるかはわからない。わからないけれど、必要な投資をして、これを絶対に取り返そうという気持ちで取り組んでいくことが大切なのです。無料セミナーにしか参加していない人は、取り返すものはありませんから、何も結果が出なくても痛くないですね。そういう気持ちでは、成功には繋がらないと思うのです。

自分にしっかり投資をしましょう。自己投資のお金をケチってはだめです。未来の自分のために、お金も時間もモチベーションも、惜しまずに使ってください。きっと何かが変わってくると思います。

第2章　イキイキとした人生にする、自分のために働こう

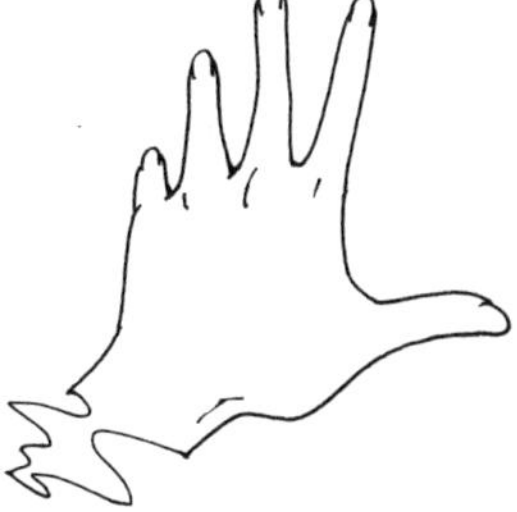

1　75歳までは働き続ける時代

女性も50代以降は自力で収入を得ていく時代

あなたは、何歳まで働こうと思っていますか？　つまり、自力で収入を得るというのを何歳までやっていこうと思っていますか？

これは、もちろん人によって違っていいのですが、私がキャリアコンサルタントとして、キャリアや将来を考える研修の講師をやっている立場から申し上げると、今の時代は75歳まで働いて、自力でお金を得るのが標準だろうと思います。男性だけでなく女性も同じです。

夫が稼いでくるから大丈夫、と思っていても、夫が病気で働けなくなるかもしれません。女性も、自分にしっかり収入がないと安心できません。今現在、仕事をしている人もそうでない人も、50代になったら、あらためて働く環境を整えましょう。女性も、75歳までは自力で収入を得ていくことを考える時代です。

「老後」は人生最後の10～15年間

この「75歳まで働く」とは何を根拠にしているのかというと、1つは平均寿命からの逆算です。日本の場合、ある年齢になれば年金を受け取れるようになる訳ですが、年金だけで生活をしていく

【図表2　平均寿命と健康寿命の推移】

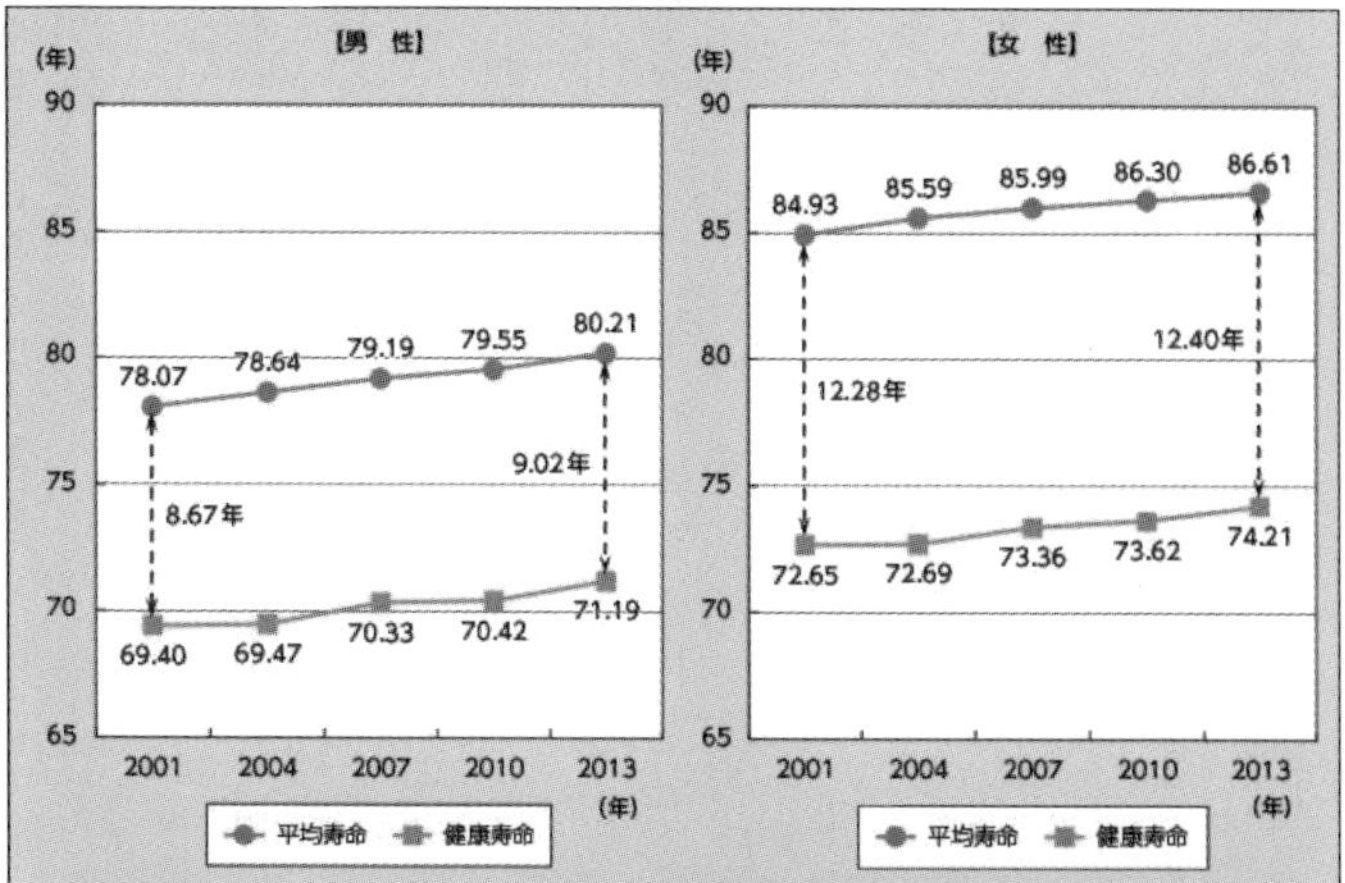

資料：平均寿命：2001、2004、2007年、2013年は、厚生労働省政策統括官付人口動態・保健社会統計室「簡易生命表」、2010年は、厚生労働省政策統括官付人口動態・保健社会統計室「完全生命表」
健康寿命：2001〜2010年は、厚生労働科学研究補助金「健康寿命における将来予測と生活習慣病対策の費用対効果に関する研究」、2013年は、「厚生科学審議会地域保健健康増進栄養部会資料」(2014年10月)

出典：平成28年度版厚生労働白書－人口高齢化を乗り越える社会モデルを考える

のは難しいと言われています。「年金プラス自分の蓄え」で暮らしていく生活を続けられるのは、生きていく最後の10年〜15年くらいではないかと思うのです。

つまり、老後は最後の10〜15年だけで、それ以前は、まだまだ、老後とか引退という言葉は当てはまらないのです。

女性の2人に1人は90歳まで生きる時代ですから、年金と蓄えだけで暮らす最後の15年を引くと、75歳までは働くことになる訳です。

75歳まで働く根拠のもう1つが、健康寿命です。健康寿命とは、人に助けられることなく自立した生活を送ることができる年齢が何歳までかを表すものです。女性の健康寿命は、図表2によると、2013年時点で約74・21歳です。つまり、これまで通り仕事を続けられるのが、概ね75歳くらいまでという訳です。

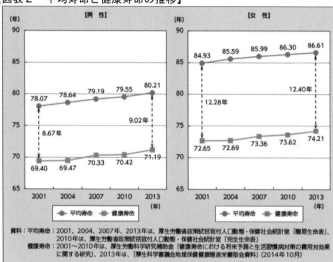

人生後半の働き方が課題

政府の年金政策の方針では、徐々に年金受給年齢を繰り下げる（遅らせる）方向に制度が向かっています。年金を受給する私たちとしては、自己で対策が必要になります。最後までお金に不自由しない人生にするために、人生後半のお金の問題はとても重要です。

多くの企業では定年退職の年齢が設定されており、現時点では60歳で定年の企業が多いです。女性に限らず男性も同じですが、定年退職をしてから75歳まではどうやって収入を得ればいいのかという問題に直面しますね。

定年を延長するとか、再雇用とか、色々と検討されて実施されていますが、それも現時点では65歳まで。今後は制度も色々と変わってくると思いますが、すべての人が75歳まで会社に残れるかというと、なかなか難しいのではないでしょうか。また、再雇用は、働く条件（給与額など）が労働者本人の希望と合わないことも多く、課題は多いようです。

それならいっそ、今の会社を離れて、新しいことを始めようかと考える人もいると思います。そうすると、では、その新しいことを始める時期はいつなのか？　という悩みが発生しますね。人生後半の働き方を「セカンドキャリア」と呼びますが、自分らしい、自分が本当に納得できるセカンドキャリアを見つけることは、そんなに簡単ではありません。しかし、簡単ではないけれど、見つけていかなければならないのが現実だといってよいでしょう。

50歳になったらセカンドキャリアと向き合う

昨今では、自社の50代社員に、会社を辞めた後のセカンドキャリアを考える研修を受講させる企業が増えてきました。定年退職後のことは、まさに定年退職が目前に迫ってから考え始めたのではちょっと遅いですね。早めに考え始めて、しっかりと時間をかけて検討する必要があります。50歳になったら考え始める必要があると思います。

これまで仕事から離れて、家庭を中心とした生活をしてきた女性も、セカンドキャリアを考えましょう。50代以降は子どもたちも独立して、時間ができると思います。あらためて、お金を稼ぐことを考え始める時期ではないでしょうか。

今後、50代、60代、70代にかけて、自分はどんな仕事をしていくのか、そして、社会とどのように関わっていくのか、50代は自分としっかり向き合いなおす年齢なのです。この後の項目で、現在の状況が正社員、パートタイム勤務、専業主婦のそれぞれの立場で、女性のセカンドキャリアの考え方を紹介したいと思います。

2　社員として働き続けてきた女性のセカンドキャリア

女性の力は、組織からの評価以上にある

今正社員で働いてる女性の多くは、若いときからずっと継続して働き続けている方が多いのでは

ないかと思います。そういう女性にまず伝えたいことは、「今まで本当にお疲れ様でした！　頑張りましたよね」ということです。

私たちが20代〜40代までの頃は、今のように女性活躍推進のような考えがなかった時代です。女性が歳を重ねながら辞めずに会社に残るというのは、それだけで大変だったと思います。

多くの女性たちが、実力もやる気もあるのに、その力を発揮する機会を与えてもらえませんでした。もしくは成果を出したのに正当に評価してもらえなかったり、昇進昇格の対象にしてもらえなかったりしました。これまで会社員を続けてきた女性であれば誰もが、多少なりともそのような経験があるのではないでしょうか。今の50代以上の女性会社員は、職場でいろいろな思いをしてきていると思います。

若い頃はそれでも仕方がないと、もう諦めていたところもあるかもしれませんが、でもやっぱり、自分が納得できる働き方をすることは、とても大切だと思います。今は女性管理職や女性役員を増やしていこうという時代ですので、もしも自分にその機会があるのであれば、今からでもぜひ挑戦してほしいと思います。

ただ、現実的には、女性が昇格をする機会はまだ多くはないようです。もしも会社の中で、思うように昇格できなかったとしても、それはその女性自身の実力不足ではありません。男性中心の組織の中で、女性は正当に評価されてこなかったのです。女性たちには、

「自分の力はもっとあるはずだ」

と信じて、積極的にセカンドキャリアを考えて欲しいと思います。

このまま定年まで、または定年の先の再雇用などまで、今の会社で働いていくのか？　それとも転職や独立をするのか？　いずれにしても、ここまで仕事を続けてきた女性には、実力は十分にありますので、この先、どのような方向に進むのかは自分次第だと思います。ここから、本当の実力でいいキャリアをつくっていきましょう。

転職は、キャリアアップか長期的な安定か

転職の場合、キャリアアップを狙うのか、それとも長期的な安定を狙うのかの選択だろうと思います。前者は、今の会社よりも役職や収入が上がるようなポジションに入り、その会社で精一杯働くことを目指す方向性です。

昨今では、女性の役員や社外取締役などが、続々と誕生しています。そういう、以前であればなかなか望めなかったポジションを狙ってみるのは、面白いと思います。

後者は、たとえ多少手取金額が減っても、同じ職場で長く働き続ける方向性です。小規模の企業では定年退職の設定をせずに、働けるうちは長く働いてほしいと考えている会社も多いです。この場合、小規模の会社は、会社自体の安定性に多少の心配があることは否めませんが、選択肢としては十分ありえると思います。

独立はやりがい増！　収入は減る場合も考えて

フリーランスや起業など、雇用されずに独立した働き方を目指す場合、長く会社員だった人の強みは何と言っても、長年積み上げてきた厚生年金だと思います。独立後の収入は、会社員時代よりも減る場合もあります。

それでも、年金受給年齢になれば、厚生年金を受け取ることができますので、稼ぐ金額はそれほど多くなくてもいいかもしれません。独立すれば定年退職はありませんので、この後長く続けられます。しかも、自分が本当に取り組みたい分野で仕事ができれば、気持ちの満足度はとても高くなるでしょう。

ただし、長く会社員をやってきた人にとって、自分で事業を始めるというのは簡単ではありません。しっかりと準備期間を設けて取り組むことが大切だと思います。可能であれば、副業などから少しずつ始めるのもよいと思います。

厚生年金が強みだと書きましたが、厚生年金はさらに長く会社員を続ければ、受取金額はより多くなります。それは、今後も会社員を続けていくことの最大のメリットと言えると思います。人生後半の働き方を考える際には、稼ぐ金額と、受け取る年金の金額を合わせて考えるとよいでしょう。

そして、セカンドキャリアに重要なのは、収入だけでなく、やはり「やりがい」ですね。お金とやりがいの、自分なりのバランスを見つけましょう。

3　パートタイムで働いている女性のセカンドキャリア

パートで働いてきた理由をあらためて考える

パートタイム勤務で働いている女性のセカンドキャリアを考えてみましょう。

まず考えてほしいのは、なぜ今までパートタイムで働いてきたのかということです。何か理由があると思います。例えば、子育てと仕事を両立していくためには、正社員でフルタイムで働くよりもパートのほうが働きやすかったからかもしれません。またはご自分の健康や体力面の理由かもしれないし、夫や子どもたちから、なるべく家にいてほしいと言われたからかもしれません。

これまでは、色々な理由でパートタイム勤務をしてきたのだと思いますが、あらためて考えてほしいのは、50代以降も、この働き方が自分にとって最適かどうかということです。

もしも健康面の理由であれば、今はいかがですか？　引き続き、健康や体力面で心配があるのであれば、無理はできませんよね。ご自分の体力と相談をしながら、パートタイム勤務を続けていくのがよい選択かもしれません。

もしも子育てとの両立や、家事との両立を理由としてパートタイム勤務を選んできたのだとしたら、子どもが大きくなって手がかからなくなり、むしろ学費などの費用がかかるようになっている今は、フルタイムで働くことを検討してもいいかもしれません。そして、どうせフルタイムで働くのであれば、正社員になったほうが、雇用が安定しますし、収入も増えるのではないかと思います。

正社員になると、年休がもらえるので、シフトを組んで出勤日程が決められてしまうパートタイム勤務よりも働きやすくなる場合があります。また、正社員は厚生年金に加入することができますので、それも大きなメリットですね（パートでも、職場の条件によっては厚生年金に加入できるようになりましたので、ご自分の職場ではどうか、確認してみるとよいでしょう）。

正社員を目指すなら、世の中の動きをよく見る

もし正社員になることを検討する場合、どのタイミングがいいか？　これは自分側の都合というよりも、職場の都合のいいタイミングをよく見て逃さないのが大切です。正社員を雇うというのは、会社にとっては社会保険料の負担などもあり、結構大変なことです。利益が十分にあがっていて、仕事がたくさんあって、コストをかけてでも人手を確保したいと会社が思っているときがチャンスです。非正規雇用者を正社員に登用する動きが職場に発生するかもしれませんので、その機会を逃さないことです。

「自分としては正社員になりたいのだけれど、今の会社にはパートを正社員に登用する制度がない」という場合もありますね。その場合は、まずは信頼できる上司などに、自分の希望を伝えてみましょう。制度はなくても、検討してもらえる場合もあります。

起業をするなら目指すところを明確に

雇われる働き方ではなくて、自分で事業を始める「起業」という選択肢もあります。ただしその場合、事業を始めるにはある程度のまとまった資金が必要です。資金も必要なく、気軽に始められる起業法もあるとの広告をよく目にしますが、始めてみたけれどほとんど収入につながらないということも多いので、注意をしてください。お金を稼ぐことが目的ではなく、楽しみのためにやりたいという人であればよいかもしれませんが、仕事として収入を見込むのであれば、資金を用意して、準備をしてから事業を開始したほうがいいでしょう。

パートタイム勤務で無理せず働きながら、趣味や習い事などの楽しい時間と仕事とを両立させていくのは、人生後半の働き方としては選択肢の１つですね。でも、もしも、将来の安心のために、もうしばらくはしっかり働いて収入を得ておきたいと考えているのであれば、フルタイムや正社員も検討してみるとよいでしょう。

4　専業主婦期間が長い女性のセカンドキャリア

自分に仕事ができるのか？　という不安

しばらく仕事から離れていましたという女性もいると思います。中には、仕事を辞めたときからもう20年以上経っているという人もいるでしょう。

結婚や出産を機に女性が退職をするのは、今の50代が若かった頃は当たり前でした。「寿退社」という言葉も、職場によってはまだ使われていたところもあったと思います。寿（ことぶき）退社を知らない人のために説明しますと、「結婚するから会社を辞めます」という女性に使われていた言葉です。結婚をして家庭に入ることが女性の幸せであると考えられていた時代の言葉ですね。

私は、自治体などが地域の女性向けに開催する「女性の再就職支援セミナー」に、毎年何回か登壇させていただいています。再就職支援のためのセミナーですから、受講者は、今は仕事から離れているけれど今から就職をしたいと考えている女性たちです。しばらく仕事から離れていると、仕事をすることに対して不安がとても大きくなりますね。

「果たして、私に仕事ができるんでしょうか？」

「私なんて、何もできることなんてないんですよ」

「こんなにブランクが長くて、大丈夫でしょうか」

という言葉を毎回聞いています。そうですよね、何年もやっていなかったことを久しぶりにやろうとするときには、不安になります。それは当然だと思います。

専業主婦期間は、ブランクではない

私は100％自信を持って断言できますが、家庭の主婦だった女性は、全く問題なく仕事に復帰することができます。大丈夫です。会社員でも、販売員でも、相談員でも、何でもできると思います。今まで仕事をしていなかった理由が、子育てとか介護など、人に関わる理由であれば、下手な仕事をしてきた人よりもずっと、色々なスキルがついていると思います。

仕事をしていなかった期間を、よく「ブランク」という言い方をしますが、私はこのブランクという言葉は、家庭の主婦だった人に対しては、当てはまらないと思っています。なぜならば、金銭的報酬を受け取っていなかったから「仕事」と言わないだけで、仕事をしている人と同じように重要な社会的役割を担い、地域社会を動かし、人を育て、様々な人と関わりながら活動をしてきているからです。この期間はブランクなんかではないのです。

例えば、家族のために毎日夕食をつくっている女性は多いと思います。当たり前のようにやっているかもしれませんが、これはとても高度なスキルです。

家族一人ひとりの食事の好みや、塩分やカロリーを気にしたり、小さい子どもがいれば子ども用に別メニューを考えたりしながら、毎日違った料理をつくりますね。つくるものが違えば、かかる時間も違ってくるわけですが、毎日決まった時間に食べられるように、時間や手順を逆算して作業計画を立て、夕食づくりをしているのです。

１か月に使える食費の範囲内で、できるだけ家族が喜ぶものを考えてつくっていく。まさに、仕事で最も大切だと言われているＱＣＤ（Q:Quality（品質）、C:Cost（費用）、D:Delivery（納期））を毎日実行していると言っていいでしょう。こんなことができる家庭の主婦が職場に行ったら、ものすごい活躍をするに違いないと、私はいつも思っています。

また、地域社会やPTA活動の中で、様々な役割を引き受けたり、色々な人とお付き合いをしてきたりしたと思います。その経験は、仕事で必ず活かされます。

「家族のために」の気持ちを「職場のみんなのために」に変えるだけ

働き方に関しても、

「久しぶりの仕事だから、フルタイムは無理よね」

「正社員なんて、とてもムリムリ！」

という女性が多いですが、そんなことはないと思います。もしも、やりたいのに遠慮しているのであれば、遠慮する必要はありません。無理かどうかは、やってみなければわかりませんよ。


今まで「家族のために」という気持ちで家事・育児・介護などをしてきた力を、今度は「職場のみんなが気持ちよく働けるために」という気持ちに変えて仕事をしてみてください。きっと、職場で尊敬され、重宝される存在になると思います。

5　生計就労から「生きがい就労」へシフトする

「生きがい就労」は長寿時代の新たな20年間

50代以降の働き方として、「生きがい就労」という考え方をご紹介したいと思います。生きがい

【図表３　長寿時代の「生きがい就労」期間】

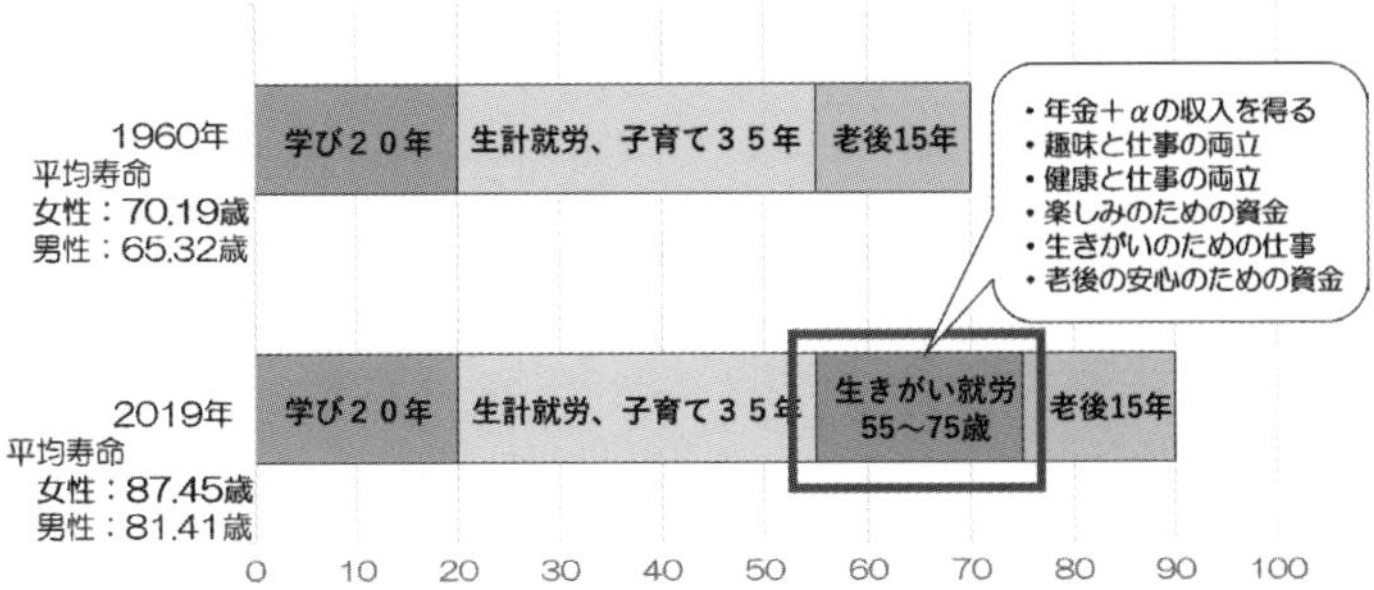

就労というのは、最近よく使われるようになった言葉で、私も、シニア世代の働き方のセミナーなどではよく使っています。生きがい就労に対し、20代～40代の若いときの働き方を「生計就労」と呼びます。

1960年頃の女性の寿命は約70歳でした。老後を最後の15年間と仮定すると、55歳までは生計就労をしたり子どもを産んで育てたりして、その後に老後を迎えて、15年後には寿命が終わるというのが、1960年頃の標準的な女性の人生でした。

今は、1960年から比べると、20歳近く寿命が延びています。そう聞くと、老後が20年延びたと思う人がいますが、それは間違えです。今の時代は、55歳までの生計就労と、人生最後の15年間の老後との間に、新しい「20年間」の期間ができています。この55歳～75歳までの約20年間を、私は「生きがい就労」の期間と呼んでいます。

60代以降の働き方を見据えてシフトしていく

50代はまだまだ体力も十分にあり、やりたいことを実現するパワーがありますから、無理に大人しくする必要なんてありません。私も若いときは子育てと仕事を両方やっていましたので、仕事だけに集中できる時間は多くなかったと感じています。50歳を過ぎた今は、やりたい仕事をやりたいだけできるので、若い頃よりもずっと多くの仕事をこなしています。

ただし今後は、60代、70代になっていくに従って、働き方を変えていく必要があるかもしれません。まずは健康第一ですから、自分の体力や健康と相談しながら、仕事の量や内容を考えていかないといけないと思っています。

金銭的には、私の場合は自分が60歳になる頃に末の子どもが大学を卒業しますので、そうすると子どもの学費がかからなくなります。住宅ローンもその頃には返済が終了するはず。そして65歳になれば、年金も受け取れるはずです。そうなると、もうそんなにガツガツと稼がなくても生活をしていかれるはずだと思っています。もしかしたら、お金を稼ぐことには余裕ができて、無報酬の社会貢献のようなことにも取り組みたいと思うようになるかもしれません。そんなふうになれたらいいなと憧れています。

自分の存在価値を感じる働き方

社会とのつながりを持つとか、誰かの役に立つとか、そういう、自分の存在価値や生きがいを感じることを優先させる働き方が、生きがい就労です。50代は、自分の働き方を、生計就労から生きがい就労へと徐々にシフトしていくことを意識していく年代といってよいでしょう。

6　50代以降の就職は女性が優勢

融通がきいて臨機応変に対応できる女性

　私は、企業の採用担当者などから話しを伺う機会も多いのですが、50代以降の就職は、男性よりも女性のほうが優勢だと感じます。実際に、シニア世代の人を雇いたいと感じている会社の人から、

「男性ではなくて女性の方がいい」

と言われることが多いのです。

　どうして女性のほうがいいのですか、と聞くと、

「女性のほうがコミュニケーション力があるから」

「融通が効いて臨機応変に対応してくれるから」

「色々気が利くから」

というような答えが返ってきます。私はこれは、男女の本質的な違いというよりも、人生の前半の仕事経験が影響しているのではないかと思っています。

役職経験に足を引っ張られてしまう男性

　今の50代の人たちが今まで企業の中で働いてきた環境は、圧倒的に男性有利の社会でした。男性

たちの多くは、順番に昇進昇格して役職がつき、部下を持ち、職場の中で「自分は偉い」と思えるような立場を経験しています。例えば、職場ですれ違うときは部下のほうから挨拶をしてくるのが当たり前、コピーやファックスも「やっといて」と言えば部下がやってくれる、そんな経験をしてしまっています。この「偉くなった」経験が、男性の人生後半の仕事の足を引っ張ってしまうケースが多いのです。

男性は、「偉かった自分」からの切り替えができなくて苦労する人が多いです。50代以降の人が就職をする場合、今までの経験を買われて高い役職にとどまるケースは少なく、多くの場合は、平社員として若手社員と一緒に働きます。そうなると、自分から挨拶ができるとか、自分より若い上司の言葉に素直に従うとか、自分でコピーをとるとか、そういうことができなければいけません。それが、「会社で偉かったはず」という思いのある男性にはなかなかできない。役職がなくなれば「ただの人」であるということが、よく理解できないのです。

50代以降は女性優位に逆転する

一方女性たちは、これまで男性優位の職場の中で、たくましく、時にはしたたかに生き抜いてきていますので、何でもできます。自分が上司になれば部下を育成することもできるし、自分が部下であれば上司の言うことを「はいはい」と聞くこともできます。周囲に気づかいをしながら仕事をするなんていうのは、女性たちは当たり前のこととして、若いときから今までずっとやって来ています。

女性は人生の前半の働き方で苦労をした分、後半は状況に応じて、上手に周囲と交じり、コミュニケーションを取っていくことができます。だから、女性は何歳になっても職場から歓迎され、お客さまからも評判が高いスタッフでいることができるのです。

あるアパレル会社の人事部長さんとお話をした際のこと。その会社は自社ブランドの服を製造販売していて、店舗も複数持っています。シニア向けのブランドの店には、シニア世代の接客担当者を置きたくて、スタッフを募集中だと話してくれたときに、

「女性なら年齢はどんなに上でも構わない」

と言っていました。年齢の高い女性は、機転がきくし、会話も上手だし、お客様からとても好評なのだそうです。でも男性はダメ。50歳以上の男性は何もできないと、その人事部長はおっしゃっていました。

何もできないというのは言い過ぎかもしれませんが、人事部長のおっしゃっていたことは、納得感がありました。特に人に接する仕事においては、女性のほうが断然必要とされています。私は仕事柄、男性のキャリア支援もしていますので、ここであまり男性のことを悪く書くわけにはいかないのですが、とにかく50代以上の女性は、多くの職場で必要とされていると思って間違いありません。小売業の販売員のほか、サービス業や福祉・医療などの現場でも女性の力が求められています。

若いときは男性優位だった働く現場も、50代以降は女性優位に逆転するのです。

50代の女性はモチベーションも高い

50代以上の女性が職場で好まれるのには、もう1つ理由があります。それは、50代以上では全般的に、男性よりも女性のほうが仕事に対するモチベーションが高いからです。

これは、男性に対しては同情すべきところも大きいのですが、男性は若い時代に、ほとんどのエネルギーを仕事に費やしてきた人が多い。企業は男性優位とは言え、男性たち同士の間でも、競争もあり、時には嫌がらせ（最近ではハラスメントと言われるようなもの）もありと、ストレスの大きい中で過ごしてきています。定年退職後にはそんなストレスから解放されることを夢見て頑張って来た男性たちは、50代を過ぎると「燃え尽きた」状態の人が多いのです。

そんな燃え尽き症候群の男性に対して、女性はどうでしょう。今まで職場で十分に力を発揮させてもらえなかった女性たちは、ここからが本当に実力で仕事をしていかれるときですから、仕事が楽しくなってくるところです。

また、仕事から離れて家庭中心で過ごしてきた女性にとっては、50代から始める仕事は新しい世界です。新鮮で刺激があってワクワクすることでしょう。しかも家庭と違って、成果を出すと褒められたり、お礼を言われたりします。

人に何かをやってあげて、「ありがとう。助かったよ」なんて言われたら、本当に嬉しいと思います。もっと助けになるように頑張ろうと感じるでしょう。

そんなふうにモチベーション高く仕事に取り組める女性たちは、多くの職場で望まれています。

第3章　自分らしいキャリアで輝く50代女性たちの事例

1　事例から、自分のロールモデルを描く

もうひと花もふた花も咲かせる

現代は50歳を過ぎてから、新たなキャリアをつくる時代です。こんな長寿時代は誰もが初めてです。平均でも90歳近く、多くの人が100歳まで生きる時代。健康に過ごせる年齢も伸びています。

今の時代に生きる女性たちは、子育てが終わり、夫が定年退職を目前に控え、自分自身の人生前半のやるべきことを一通りやり終えた50歳以降に、第2の人生をつくっていきます。その際、お手本になる人がいると、自分の目指す方向のイメージがつきやすいので助かりますよね。

その人の生き方や行動が、自分にとってお手本や目標になる人を「ロールモデル」といいます。しかし残念ながら、50代の女性にとって人生後半のロールモデルとなる人は多くありません。なぜならば、こんなに長く生きる時代はこれまでなかったからです。むしろ私たち自身が、若い人たちのロールモデルとなっていかなければいけません。

自分のロールモデル像を見つける

では、ロールモデルがいない私たち現代の50代は、自分の未来をどのように想像していけばいいでしょうか？　実在のロールモデルがいないのであれば、多くの事例の中から部分的に共感できる

ことを見つけて、それを組み合わせて、自分なりのロールモデル像を頭の中でつくっていきましょう。

この章では、50代から自分の新しい生き方を見つけて、輝きながらキャリアをつくって行こうとしている複数の女性たちの事例をご紹介します。まさにピッタリと自分のロールモデルとなる人がいるかもしれないし、部分的に共感できることがあるかもしれません。

紹介する事例の女性たちは、すべて私が見聞きした実在する女性たちです。こんな表現で恐縮ですが、彼女たちは何か特別な才能があるとか、すごく行動的であるとか、そういう人たちではないと思います。ごく普通に生活をしてきた女性たちです。

今、彼女たちはとてもイキイキとしています。やるべきことを見つけて、目がキラキラしています。表情は自信に満ちていて、ニコニコと楽しそうです。そんな女性たちの事例をぜひ参考にしてください。

2 【事例1】A子さん（51歳）、専業主婦からパートを経て正社員に

結婚当初は専業主婦志望

A子さんは、夫と２人の息子たちとの４人暮らし。結婚当初は専業主婦に憧れていたため、１人目の子どもを妊娠したのを機に、当時勤めていた会社を退職した。子どもたちが小さかった頃は、家事と育児に専念。楽しく専業主婦生活を送っていた。

子どもたちが小学生くらいになると、日中に時間が余るようになってきた。周囲のママ友達もパートタイム勤務などで働き始める人が増えてきたのを見て、自分も少し外に出てみようかという気持ちになった。

実際、息子たちがサッカーチームに入るなどして、お金もかかるようになってきたという金銭的な事情もある。たまたま、近所のドラッグストアで「パート募集」の張り紙を見つけ、面接を受けたところ採用となった。

A子さんは45歳のときに、パートで働き始めた。

近所のドラッグストアでパート開始

ドラッグストアでのパートタイム勤務は、5年ほど続けた。パートスタッフは自分を含めて3名いて、毎日誰かが出勤するようにシフトを組む。急に休みたいときは、他の2名に相談して交代してもらうなど融通が利くので、働きやすかった。

A子さんが50歳のとき、長男が大学受験を迎えた。A子さんは、私立大学を志望する長男の学費のために、自分の収入をもっと増やしたいと考え始めた。ドラッグストアのパート勤務時間を今よりも長くすることもできるが、それほど大きな収入増にはならない。この職場での正社員登用はなかったので、迷った末に、正社員を目指して転職活動をすることにした。

仕事の内容にはこだわらないが、自宅からあまり遠くない場所がいいと思っていた。インターネットの情報サイトなどで探したところ、自宅から自転車で通える範囲にある総合病院内の薬局で正社員を募集していた。応募をして面接を受けることが決まった。

医療事務スタッフとして正社員採用

ところが実際に薬局に面接を受けに行ってみると、ちょうど前日に、別の人の採用が決まってしまったと告げられた。仕方がないと諦めて帰ろうとすると、実は病院の医療事務スタッフで欠員が出たので、そちらの面接を受けないかと勧められた。A子さんは医療事務の資格を持っていなかったが、それでも構わないとのことだったので、面接を受け、採用された。

現在、病院の医療事務スタッフとして正社員で働き始めて1年が経ったところ。最初は覚えることが多くて大変だったが、もう慣れたので難しさは感じない。締め日などは残業が必要なときもあるが、自分の帰りが遅い日などは息子たちが簡単な夕食を用意してくれるなど、家族が協力してくれるのが嬉しい。

正社員となり、パート勤務の頃に比べて収入は約3倍になった。有給休暇や社会保障もあるので、長く続けていきたい。今後は医療事務の資格を取って、職場で担当できる業務の幅を広げたいと思っている。

２年後には次男も大学受験を迎えるが、自分の給料で息子たちを安心して大学に進学させてあげられることがとても誇らしい。就職してよかったと思っている。

【解説】

A子さんのように、子どもの成長につれて時間ができて、かつ、お金が必要になって働き始める女性は多いと思います。まずはパートから始めて夫の扶養の範囲内で働いて来た人も、50歳から正社員を目指すことは可能です。

この事例を読むと、A子さんはとても順調に仕事を見つけたような印象を受けるかもしれません。しかし実は、事例の中には書いていませんが、A子さんは、電話で問い合わせをして断られたり、面接を受けて落ちたりもしています。仕事との出会いはタイミングがありますので、上手く成立しなくても諦めないことが大切です。

A子さんの就職が上手くいった理由の1つに、「自分にはできないのでは」という思い込みがなかったことが挙げられます。専業主婦の期間が長い、やったことがない、資格がいない、などを理由に自分に自信が持てないという人がいますが、A子さんはそういう後ろ向きな気持ちが少ない女性です。「ダメもとでやってみるわ」と楽天的な気持ちで就職活動をしたのがよかったと思います。

3 【事例2】B美さん（56歳）、保育士パートからフルタイム勤務を検討中

良妻賢母を目指していた

若い頃、短大を卒業して保育士として働いていたB美さん。公務員の夫と結婚をし、退職をした。

当時の言葉でいう「寿退社」だった。結婚後は妻として、そして女の子と男の子の２人の子どもたちの母親として、20代～30代は家事と育児に専念をして過ごした。目指すべきは良妻賢母と思っていた。

子どもたちが小学生までは、休日も忙しかった。家族で出かけたり、子どもたちの習い事や地域の行事に参加をしたりと、やることはたくさんあった。ところが中学生になると、子どもたちは、土日も部活動のために学校に行ったり、友人と出かけたりするなどで家にいなくなり、休日は夫と二人で過ごすことが多くなった。B美さんはこれが、少々苦痛になっていた。

夫のことは嫌いではないけれど、2人でいても間が持たない。そうかといって、自分も毎週末出かけて行くような場所もない。どうしようかと思っていた所、地域の広報誌で、土日に働ける保育士の募集を見つけ、応募をしてみた。

保育士の資格は持ってはいるけれど、辞めてから15年は経っていた。ブランクが長いので採用されないのではないかと思ったが、休日に働ける保育士がいなくて困っていたようで、すぐに採用が決まった。夫には、

「平日は子どもたちのために家にいるから、土日だけ、また保育士をやりたい」

と説明し、了解してもらった。B美さんは46歳のとき、保育士として再び働き始めた。

15年ぶりの保育士、土日だけからフルタイム勤務へ

久しぶりの保育の仕事だったが、やってみて、若いときに感じていた楽しさとはまた別のやりが

いを感じた。保育士に復帰したかったというよりは、とにかく土日に家にいるよりは、と思って始めた仕事だったが、あらためて、この仕事が好きだと感じた。

その後、子どもたちの成長に伴い、徐々にB美さんが家族のために時間を費やす必要が減って来た。若い頃は家事育児に専念してほしいと言っていた夫も、B美さんに家にいてほしいとは言わなくなり、自由にさせてくれるようになってきた。土日だけで始めた保育は、徐々に、平日も保育士の手が足りない時間に入るようになっていった。職場からは、もっとやってほしいと言われているが、今はまだパートタイム勤務として夫の扶養の範囲内にしている。

3歳年上の夫が来年に定年退職となるので、それを機に、自分はフルタイム勤務にしようかと検討している。園児たちと接するのは楽しいし、職場の若い保育士たちからも頼りにされていると感じている。職場からは、(年齢的に)今から正社員登用はできないが、これからも長く続けて欲しいと言ってもらっている。正社員になることにはこだわっていない。自分の体力が可能な範囲で、長く保育士を続けていきたいと思っている。

【解説】

B美さんの場合は、仕事をする目的はお金ではありません。子育てが終わった後の時間を、自分が楽しさややりがいを感じられる時間にすることが、保育の仕事を続けていく主な理由だと言えます。また、専業主婦からパートを開始する際のきっかけは、第1章で説明した「やりたくないことをやめる」ですね。夫と2人だけで過ごす休日がなんとなく居心地が悪く、家以外のどこかに、自分の居場所を見つけたかったとも言えるでしょう。

きっかけは何でも構わないのです。今の状況を変えたいと思って行動したことで、保育の仕事にあらためて向き合い、好きな仕事だったと気付けたB美さん。若い頃に取得した資格を活かした好事例と言えるでしょう。

4　【事例3】C子さん（52歳）、ステップファミリー、家族との時間を大切にしたい

仕事のできる男性と職場結婚、そして離婚

C子さんは大学を卒業後、大手金融会社に就職。同じ課の5年上の先輩と職場恋愛の後、結婚退職をした。相手の男性は、職場では仕事のできるエリートで、人間的にも尊敬できると感じていた。

結婚後しばらくは順調だったが、もともと社交的で活動的だったC子さんにとって、家庭に閉じこもりがちの専業主婦生活は息が詰まって来ていた。２人の息子たちが生まれた後、育児と家事に追われる毎日の中で家庭に全く関心を示さない夫との関係が上手くいかなくなり、結婚10年目で離婚をした。

再婚同士で新しい家族生活をスタート

子どもたちを連れて実家に戻ったC子さんは、その後、今の夫と出会う。10歳年上で、離婚歴のある男性。息子たちも男性と仲よくなり、男性も息子たちを自分の子どものように可愛がってくれる。C子さんは45歳のときにこの男性と再婚をした。

彼も、1度目の結婚が上手くいかなかった経験があるので、C子さんと結婚をした後も、妻の行動を制限したりすることはしない。C子さんがやりたいことを応援してくれている。出会いは共通の趣味である音楽だった。2人で小さなスタジオを借りて楽器を演奏したり、仲間を集めてバンドを組んだりして、再婚後も引き続き、一緒に楽しんでいる。

C子さんには音楽の他にも、若い頃からの趣味にフラダンスがある。1度目の結婚後は中断していたが、離婚後に練習を再開し、今ではかなり上達している。最近は月に2~3回、ハワイアン・バーのステージで、グループのメンバーたちと一緒にフラダンスショーに出演している。お腹を見せる本格的な衣装を着るため、体形の維持には努力をしている。

ステージでフラダンスを披露していると、スポットライトの中でお客さんに見てもらえて、とても充実した気持ちになる。こういう自分の姿を、楽しそうに応援してくれる今の夫にはとても感謝しているし、パートナーとして一緒に暮らしていくことに満足している。

時々ふっと、育児をしていた頃のことを思い出す。子どもたちは可愛かったけれど、外出もままならずストレスを感じていた。今の自由な生活が本当に楽しくありがたいと感じる。

今の家族と楽しく暮らしていくために仕事もする

仕事は、その時々によってパートタイム勤務だったり契約社員だったりと、働きやすい仕事を選んでやっている。趣味の音楽やダンスのレッスンにはお金がかかるし、ステージの衣装も自前で用意しなければならない。自分の趣味に使うお金は、夫に頼らず自分で稼ぐと決めている。趣味を続けていく限り、仕事も続けていくつもり。

息子たちは時々、実の父親と会っているようだが、息子たちももう大学生で大人なので干渉しないことにしている。また、現在の夫も前妻との間に子どもがいて、時々会うことがあるようだ。これも、気にしたり詮索したりはしないようにしている。

今の夫と2人の息子たちが自分にとっての大切な家族。今の家族との生活に幸せを感じている。この先もずっと、この家族で楽しく生活していくために、夫との時間を大切にして、そしてお金に困らないように仕事も続けていきたいと思っている。

【解説】

結婚も離婚も、長い人生の中では、何度かあるのが当たり前の時代になってきています。C子さんのように、自分の生き方に正直にパートナー選びをして、離婚をしたり再婚をしたりするのは、とてもエネルギーが必要ですが、最終的には自分の幸せに繋がりますね。

この事例のように、どちらかに子どもがいる再婚で築かれる家庭を「ステップファミリー」といいます。

結婚という形にこだわらず、事実婚として一緒に暮らし始める50代以上のパートナーの人たちも増えてきています。これからの家族の形は多様です。

5 【事例4】D美さん（50歳）、一般職から管理職へ昇格、女性活躍を体現

女性は出世できないから一般職でいい

D美さんは有名私立大学を卒業後、大手金融機関に一般職として入社。大学のレベルも高く成績もよかったことから、周囲からは総合職での就職を勧められたが、女性ではどうせ大した出世もできないと思い、それなら一般職で無理せず働いていたほうがいいと考えて一般職で入社をすることを選んだ。

入社後、学生時代から付き合っていた男性と結婚。子どもは、欲しいとも欲しくないとも思わなかったので自然に任せていたところ、結果的に持たなかった。もしも子どもがいたらどんな生活だったのだろうかと思うことはあるが、子どもがいないから楽しめたこともたくさんある。子どもはいてもいなくても、どちらでもよかったと今でも思っている。

仕事にはこだわりはなく、淡々と一般事務の作業を続けてきた。残業はほとんどなかったので、仕事が終わった後で友人たちと食事やお酒を楽しんだり、年休を取って旅行に行ったり、ラグビー

の観戦に行ったりと、20代～30代はプライベートで楽しいことがたくさんできた。ただし、仕事に面白みは感じなかった。

女性活躍推進で総合職に転換、そして管理職に

D美さんが40代半ばになった頃、政府が女性活躍推進策を打ち出した。実力のある女性は昇進させることや、女性管理職比率を上げることなどが推奨された。D美さんの会社でも、一部の一般職の女性たちを総合職に転換する方針となり、D美さんは上司からの推薦で総合職となった。

もともと頑張り屋のD美さんは、総合職となってから仕事に力を入れ始めた。そしてほどなく、管理職への昇格試験を受けるよう会社から打診があり、試験を受けたところ係長職への昇格が決まった。社内の女性活躍推進への取組みはその後も進み、D美さんは課長代理に昇格した。転勤を伴う昇格だったが、夫とも相談の結果、辞令を受理することに決めた。

地方の支店の課長代理となったD美さんは、女性事務員の人たちとすぐに打ち解けて仲よくなり、彼女たちが感じている不満や働きにくさが何であるかをすぐに理解した。

まずは、長時間労働が当たり前で、年休も取りにくい職場の雰囲気を変える必要があると感じたD美さんは、自ら率先して定時に帰宅をした。また、年休を取って旅行に行き、お土産にお菓子を買ってきて職場の全員に配って歩いた。今までそんなことをする管理職はいなかったので、職員たちは驚いたが、徐々に定時で帰る職員が増えてきた。また、自分の楽しみや家族のために年休を取

得する職員も増えてきた。

その結果、D美さんが赴任した支店では残業時間が大幅に削減され、年休取得率も上がった。また、それだけではなく、職員が業務時間中に集中して仕事をするようになり、ミスも削減するという思わぬ効果まで出てきた。

管理職として活躍、仕事の楽しさを満喫

D美さんが50歳になった今年、新たに辞令が出て、D美さんは地方都市の大型支店の課長に昇進をした。単身赴任は4年目。一人暮らしではあるが、職場の部下や先輩たちと食事に出かけたりしながら、楽しい日々を過ごしている。50歳になってやっと、仕事が楽しいと感じるようになった。自分に任されている業務や、部下たちの育成など責任は重いが、やりがいを感じる。あと何年この会社で働くことができるのか、定年退職の制度も変わりつつある中で不確定なことも多いが、仕事が面白いと思える間は、この会社で期待に応えていこうと思っている。


【解説】

今の50代の女性は、会社に入社をしたときには管理職の候補とは考えられていなかった場合が多いですね。でも、この5年ほどで状況は急激に変わってきています。慢性的な人手不足や、政府の女性活躍推進の方針もあり、これまで管理職候補ではなかった女性たちが注目されるようになって

きています。

「女性だからといって下駄を履かされて昇格するのは抵抗がある」という人もいますが、企業の対応は時代によって変わるものです。今の変化は女性にとって追い風といっていいでしょう。D美さんのように、昇進昇格の機会があったら、その機会に乗ってみるのもよいのではないでしょうか。今までとは違う、仕事への興味が湧いてくるかもしれません。

6　【事例5】E子さん（57歳）、一度退職した会社に再入社、人材育成にまい進

希望が叶ってSEに、しかし子育てのために退職

E子さんは子どもの頃から数学好きの理系女子。仕事は、当時はまだ珍しかったコンピュータ関連の仕事に就きたいと考え、理工系大学の電気電子学部を卒業。希望通り、IT企業に入社をしてシステムエンジニア職（SE）として働いた。

仕事で知り合った男性と結婚をし、2人の娘が産まれた。仕事は続けたかったが、当時は近所に保育園がなく、職場にも時間短縮勤務などの仕事と育児を両立していくための制度がなかった。子育てと仕事の両立は難しく、E子さんは32歳のとき、10年間勤めたIT企業を退職した。

もう一度、ＳＥをやりたい

Ｅ子さんは50歳になり、子育てもほぼ終わった頃、再びＳＥの仕事がしたいと感じ始めた。ただ、仕事を離れてから18年が経っており、最近のプログラミング言語もわからない。それでもＳＥに戻りたいと思ったＥ子さんは、以前同じＩＴ企業に勤めていた元同僚に連絡をして、何か簡単な仕事でもいいからやらせてもらえないかと頼んでみた。

すると元同僚から「ＳＥの仕事はないけれど、ＳＥ候補生たちにプログラミングを教える仕事ならある」との返事が返ってきた。

教える内容は、Microsoft 社の Excel の使い方と、Java 言語でのプログラミング。Excel は使ったことがあるが Java 言語はＥ子さんがＳＥだった頃にはまだ使われていなかった言語なので全く知らなかった。

それでもＦ子さんは、

「やらせてください！」

と即答した。再びプログラミングに関わったり、仕事ができたりすることが嬉しかった。Ｅ子さんは自分で Java 言語の勉強をして、初心者に教えられるように準備をした。そして、18年前に退職をした会社で、プログラミングの指導担当者として、業務委託で働き始めた。

このＩＴ企業では、４月に入社をした新入社員への教育だけでなく、中途採用者のために、10月にもプログラミング指導を行っていた。Ｅ子さんは春と秋に指導者として登壇しながら、徐々に新人教育全般を任されるようになっていった。そしてE子さんが54歳のとき、このＩＴ企業に再入社した。

E子さんは今、かつて自分がＳＥとして仕事に励んでいた会社で、次世代の人材育成にまい進している。自分がこんな形で会社に戻ってくるとは全く想像していなかったけれど、自分の娘たちと同世代の若者たちがＳＥとして成長して行く姿を見るのが、とても楽しい。

最近、長女が出産をして

「孫育てもよろしくお願いします」と言ってきている。

E子さんは、

「私も仕事しているから、できる範囲で協力するわ」と長女には伝えた。

今後は、仕事と孫育てとを両立させながら、どちらも楽しんでいきたいと思っている。

【解説】

E子さんのように、仕事と子育ての両立の環境が整っていなかったために、やむなく退職をした女性は多かったと思います。現在と違い、当時は女性が出産や育児をしながら職場に留まることは、まだ難しい時代でした。

「本当は辞めたくなかった」という思いがある女性は、もう一度、企業で働いてみてはどうでしょう。その際、若い頃の経験などにはあまりこだわらず、一から勉強し直すつもりでやりましょう。

初めての業務でも、これまでの人生経験や子育て経験などが色々なところで役に立って、十分にやっていかれると思います。

企業も、子育てが落ち着いた女性たちの社会復帰を歓迎する風潮になってきています。50歳で入社しても、ここからまだ15年〜20年近くは、元気に働き続けることができますから。

7 【事例6】F香さん（52歳）、会社の仕事にやりがいを感じられず、副業をスタート

安定しているけど、やりがいはない

F香さんは現在、食品メーカーの「お客様相談室」で問い合わせなどに対応する電話オペレーターとして働いている。大学を卒業後、最初に入社した保険会社では、ノルマが厳しくて長く勤めることができず転職を決意。29歳で今の会社に正社員として入社した。

今の会社は働きやすく、福利厚生も整っているので、定年まで勤めたいと思っている。ただ、仕事内容は、特にやりがいを感じることもなく、淡々と業務をこなしている。

27歳のときに結婚をして男の子を出産したが、すぐに離婚をしてシングルマザーとして子育てと仕事をやってきた。息子はすでに独立していて、今は離れて暮らしている。F香さんは1人で問題

なく毎日を過ごしているが、楽しいことも特にない。この先もずっとこのままでいいのか？　と40代後半頃から自問自答していた。

副業解禁！　何かやりたい

そんなとき会社から「副業解禁」の告知があった。昨今の時流に乗って、本業に影響のない範囲での副業を認めるとのこと。

それを聞いたF香さんは、「何か、やりがいを感じられることをやってみたい」という気持ちになった。

収入は今の給料でやっていかれるので、お金が欲しい訳ではない。20代～40代は、自分ひとりで息子を育てるのに必死で、仕事へのやりがいなんて、考えてこなかった。でも今、このままでは物足りないと感じる。

とはいえ、自分のやりたいことが何か、全く見当がつかなかったF香さんは、副業に関する本を読んだり、自己啓発セミナーに参加してみたりした。その結果、以前からの趣味である「カメラ」で何かできないか、と思いついた。

F香さんは息子が産まれてからカメラにはまり、一眼レフを購入して、息子の写真をたくさん撮ってきた。保育園や学校の行事、少年野球チームの練習や試合など、イベントがあればいつもカメラを持っていき、自分の子どもだけでなくお友達の写真も撮ってプレゼントしてきた。息子が大きくなってからは、写真を撮る機会も少なくなり、寂しいと感じている。
小さい子どもの写真を撮るような仕事に関われないか？　そう考え始めた。

週末だけセミプロのカメラマンとして活動

インターネットで調べてみると、週末だけカメラマンとして活動している人は結構いるようだった。また、運動会や卒業式などの季節には、カメラマンが不足して、プロのカメラマンだけでなく、セミプロくらいのカメラマンも必要とされていることもわかった。

Ｆ香さんはさっそく必要なカメラ機材を購入し、写真撮影の基礎技術を教えてくれる教室にも3か月ほど通った。そして、ある程度自信がついたところで、学校や幼稚園などの行事にカメラマンを派遣する会社にカメラマンとして登録をした。そしてＦ香さんが50歳のとき、初めて幼稚園の行事の撮影に派遣されて、カメラマンとしてデビューをした。Ｆ香さんは、どのような写真が保護者から喜ばれるかを熟知していたので、Ｆ香さんが撮った園児たちの写真は評判がよく、保護者からたくさん購入された。

写真撮影の仕事は、本当に楽しいと感じる。幼稚園や小学校の子どもたちが一所懸命に走ったりダンスをしたりする姿を撮るのは楽しい。よい写真が撮れると「よし！」とガッツポーズをしたくなる。そして、その写真が売れたときは、保護者が喜んでいる顔が目に浮かぶ。思い切って始めてよかったと感じている。

今後も、本業はしっかり会社で働き、給料をもらって社会保障も受けて、そして副業は、自分の楽しみややりがいのためにやる。どちらも続けていきたいと思っている。

【解説】

１つの職場で安定とやりがいの両方を得るのは、現実には難しい場合もあります。F香さんのように、「収入や安定性は満足しているけれど、仕事にやりがいを感じられない」という人は少なくないと思います。昨今は副業を解禁する企業が増えています。

副業が認められている会社であれば、自己実現を副業で達成させるというのは、小さいリスクで挑戦できる方法です。

副業は、試しにやってみて、あまり上手くいかなければやめてもいいのです。本業の会社勤めをキープしていれば、副業として色々と挑戦してみるとよいと思います。せっかくの副業ですから、思い切って自分が楽しめる内容を選びたいですね。

副業が認められていない会社の場合は、収入を伴わない活動にするとよいでしょう。無償のボランティア活動や趣味のサークル活動などから始めて、会社を退職したら、仕事として本格的に活動を始めるという方法もあります。最近では「プロボノ」も注目されています。プロボノとは、専門家が自分の専門知識や技術を使って無償で社会貢献をする活動です。自分の持っているスキルをそのまま社会の中で活かすことができる活動は、大きなやりがいを感じられることでしょう。

8 【事例7】森ゆき（52歳）、会社員としての限界を感じフリーランスに転身

事例紹介の最後に、私自身のことについて書きたいと思います。なお、本章のタイトルが「自分らしいキャリアで輝く50代女性たちの事例」であり、「輝く、、、」とありながら私自身のことを紹介するのは大変恐縮ですが、本の構成上の都合ということで、どうぞご容赦ください。

キャリアウーマンを目指していたが、現実は厳しかった

私の子どもの頃の目標は「キャリアウーマンになる」こと。現在ではキャリアウーマンという言葉はほとんど使われなくなりましたが、私が子どもの頃は「男性に負けずにバリバリと働く女性」を指していたと思います。

キャリアウーマンを目指していた私ですが、実際には、結婚をして子どもを3人産みました。20代～40代前半は、子育てと仕事との両立の中、なかなか昇格もできず、もどかしく感じたこともありましたが、40歳を過ぎてから、やっと管理職になることができました。

思い描いていたようなキャリアウーマンとは違ってしまいましたが、会社員生活はそれなりに充実していました。また会社で働くことには、メリットもたくさんありました。会社員には産休や育休があり、社会保障があります。また、日々の業務において、子どもが急に熱を出したりしても、

職場には私の代わりに業務をこなしてくれる先輩・同僚・後輩たちがいました。

「子どもが小さいうちは会社員として働こう。いずれ子どもの手が離れたら、会社でもっと活躍できるポジションで働くか、それが無理なら独立しよう」と、30代の頃から思っていました。

独立するエネルギーが湧いてきた

私が40代半ばになった頃、私は業務上の理由から、会社を早く辞めたいと思い始めていました。このまま会社にいても、やりがいのある仕事は任せてもらえないし、昇格もしないとわかったからです（第1章でも説明しているので、ここでは詳細は割愛します）。

安定している会社員の状態から独立をするには、エネルギーが必要です。

「今だったら、未練なく会社員を辞められるし、独立を目指すエネルギーも十分にある」と当時の私は感じました。そして、50歳までにフリーランスとしての仕事を軌道に乗せようと決めて、47歳のときに会社を辞めました。

会社を辞めることは決めたけれど、その後、何を自分の職業にしていくか。なかなか思いつかず、決まっていませんでした。私は何かヒントはないかと思い、いろいろなセミナーに参加をして考えました。

転機になったのは、育休後コンサルタント®の山口理栄先生の公開講座を拝聴したときです。山口先生の語る、「女性はもっと活躍することができる」というお話に大変感銘を受け、「私もこういう講座の講師になりたい！　これを目指そう！」と感じました。

女性のキャリア支援を志してまい進

ちょうどその頃、安倍内閣が女性活躍推進という言葉を使い始めていました。私は「女性活躍を推進するコンサルタントになろう」と決めて、勉強を始めました。まずはキャリアコンサルタントの資格を取り、メンタルヘルス・マネジメント検定を受け、女性労働協会の認定講師にもなりました。

そして幸いにも、株式会社ハナマルキャリア総合研究所代表取締役社長の上田晶美先生から女性活躍支援の手ほどきを受けることができ、「女性のキャリア支援の講師」として仕事ができるようになりました。

現在は、女性の活躍支援だけでなく、企業で働く従業員向けのキャリアデザイン研修や、メンタルヘルス・マネジメント研修などの講師をしています。もちろん、キャリアコンサルタントとして、個別の相談業務も行っています。働き方や、人生そのもの、仕事のやりがい、生きがいなどを一緒に考えていくこの職業に、とてもやりがいを感じています。

ありがたいことに、最近では、徐々に活動の範囲が広がっています。本書のようなキャリアに関する本を執筆する機会や、雑誌やＷｅｂ上でコラムを書かせていただく機会も増えてきました。今後も様々な形で、様々な人たちのキャリア支援をしていきたいと思っています。

【図表4　女性活躍支援を始めた頃の筆者「女性の再就職応援セミナー」に登壇】

【解説】

会社員を辞めてフリーランスを目指すのは、自分の納得感ややりがいを強く求める人にとっては、選択肢の1つと言えるでしょう。フリーランスや起業では、定年退職がないことも大きなメリットです。私も75歳まではこの仕事を続けていくつもりです。

仕事のペースや、いつまで働き続けるかなどを自分で決めることができますので、一度軌道に乗せることができれば、長く続けていくことが可能です。

会社を辞めて独立をするタイミングは人それぞれ。私は、新しいことをゼロから始めるエネルギーが湧いて来たタイミングを優先しましたので、フリーになってから何をするか決める前に会社を辞めることを決めました。

でも、私よりも慎重な性格の人や、収入を途切れさせたくない人は、会社を辞める前に準備を整えましょう。

9　誰かからうらやましがられる自分になろう

うらやましい、と感じたら自分を変えたいサイン

本章では7つのパターンの女性たちの事例を紹介しました。ご自分のロールモデル像が、何となく現れてきたでしょうか？　7人の女性たちの事例を読んで、

「いいなあ」

「うらやましいわ」

と、感じる瞬間はありましたか？　もし少しでもあったら、それは、あなた自身が現状の何かを変えたいと思っているサインです。

「このまま何もしないで40年～50年もの長い時間を過ごすのは嫌だ」

と思っていたり、

「もっと輝きたい、もっと活躍したい、もっと楽しみたい」

と思っていたりするのだと思います。そういう「私だってもっとやりたい」という気持ちに、蓋をしてはいけません。人生はたった一度きり。人生の後半は特に、自分にとって心地よい環境を自分でつくって行きましょう。

紹介した7人の女性たちには、次のような共通点があります。

①自分の気持ちに正直

やりたいからやる、やりたくないことはやらない、こういう自分の気持ちに７人とも正直です。若い頃は、自分の気持ちに蓋をして我慢をしてきた人も、50代になって、もう我慢していません。自分がどうしたいのか、その気持ちに正直に行動をしています。

②失敗を心配し過ぎない

誰でも失敗はしたくないものです。でも、失敗したら誰かが困りますか？　もしも失敗しても誰も困らないとしたら、失敗することを恐れて心配する必要はあるでしょうか？　新しいことを始めるときは、何となく落ち着かない、不安な気持ちになるものです。

でもその不安な気持ちは、挑戦している証拠です。上手くいかなかったらやめればいいだけ。失敗を心配し過ぎずに、挑戦しましょう。

③人と同じでいようと思わない

とかく女性は、「みんなで一緒に」とか「みんなと同じ」を好む傾向があります。他の人と同じであれば、自分だけ大きく間違えている心配がなくて安心なのかもしれません。しかし、本当にやりたいことは、みんな違います。みんなと同じことをしていても、自分らしい人生にはなりません。大切な価値観は、常に自分の中にあることを、７人の事例からも感じると思います。

自分のために行動しましょう。そして、あなたが自分で決めた行動でイキイキしていると、あなたの姿を見た人はきっと「うらやましい」と感じると思います。

うらやましがられる責任がある

人生の後半は自分でつくっていくものです。他人をうらやましがるよりも、自分がうらやましがられる人になりましょう。すべての人からうらやましがられる必要はありません。あなたと同じ価値観を持つ、あなたよりも若い人から「うらやましい」と思われる人になりましょう。

もし、自分の娘から「ママって、すてき。私もママのような50代になりたいわ」と言われたら、嬉しいですよね。

私は以前、自宅で仕事をしていたときに、当時小学生だった娘に言われたことがあります。

「お仕事って楽しそう。私もはやく大人になって、お仕事したいな」

私はそのときに思いました。大人になるのが楽しみだと子どもに感じさせてあげるのは、大人の責任だと。仕事は楽しいし、年を取るのも楽しい。未来には楽しいことがたくさんあるよと、子どもや若者たちに伝えてあげなければいけないと思うのです。

あなたが色々なことに挑戦していると、その姿を見た人の何人かはきっと、あなたの行動を「うらやましい」と感じるでしょう。中にはあなたのことを、ロールモデルと捉えて、目標にする人もいるかもしれません。

私たちは人生の後半を、周囲からうらやましがられる過ごし方をしていかなければいけません。そういう責任があると思うのです。

誰かからうらやましがられながら、人生の後半を堂々と生きていきましょう。

第4章　人生を長く楽しむ、心身の健康維持のコツ

1　自分の身体と相談、健康と美しさを持ち続けよう

50代からの健康管理、若いときと同じではない

色々とやりたいことはあるけれど、気力と体力がついてこない。そういうこと、ありますね。気力と体力はともに、健康な心と身体がなければ湧いてきません。反対に、健康であれば、新しいことを始めようという気持ちや、失敗してもめげない心を持つことができます。

50代からの健康管理は、若いときと同じではありません。自分の身体と上手に付き合っていきましょう。

この章では、健康を維持するために私が実際にやっていることや経験したことを紹介します。ただ、私は医療の専門家ではありませんので、ご自分で実施する際には、専門機関からのアドバイスを受けることをおすすめします。あくまでも、私の経験談として参考にしていただきたいと思います。

基本的には、よく言われているような、暴飲暴食をしない、適度な運動をする、疲れをためないように睡眠をしっかりとる、などに気を付けていますが、50代からはこれだけでは十分ではないと思います。更年期の体調管理やメンタル・コントロールにも気を配ったほうがいいでしょう。また、見た目の若々しさや年齢に応じた美しさも意識したいものです。

若い頃は力任せに頑張っていた

私の場合、20代～30代の頃は、どちらかというと体力には自信があったこともあり、何と言うか、力任せに毎日を過ごしていた気がします。子育てをしながら会社勤めをしていて忙しかったので、常に動き続けていました。家庭でも仕事でも、可能な限り最大の成果を出したいと思って、いつも頑張っていました。そのときは自分が頑張っているかどうかを考える余裕もなかったけれど、今思うと、ひたすら必死で毎日を過ごしていたと思います。

若い頃はそんな感じでしたから、いつも疲れていました。栄養ドリンクもよく飲んでいました。そして、2～3か月に一度はガス欠状態になり、週末に寝込んでしまっていました。私は疲れやストレスがたまりすぎると、胃が痛くなります。若い頃はよく胃痛を起こして薬を飲んでいました。土日に胃が痛くなって寝込んでしまっても、月曜になれば、また会社に出かけて行きました。若い頃はそんな生活でした。

今、同じように無理をして動き続けることはもうできません。そんな体力はないからできないのもありますが、そういう無理なことをすると健康な状態が維持できないことがわかったので、やりたくないという意味でもできません。47歳でフリーランスとして独立してからは、特に健康と体力維持には気を付けています。会社員の頃と違い、急に体調が悪くなっても自分の代わりはいませんし、仕事の約束を突然キャンセルする訳にはいきませんから。

体調管理に気を付けているおかげで、ここ5年間くらい胃痛は起こっていません。胃が痛くなるほど疲れをためることがなくなったのだと思います。また、栄養ドリンクを飲みたいと思うほど疲れることもなくなりました。若い頃のように体力に任せて動き回ることはできなくても、コンスタントにいい状態を保てるようになりました。

50代からの美しさとは

健康と同じような意味ではありますが、50代からの女性は「美しさ」も大切だと思います。美しさとは何か？　これは人によって、何を美しいと感じるかは違う訳ですが、私が言いたい美しさは、他人から見て、

「あの人ステキ！」

と思われるような見た目や立ち居振る舞いという意味です。

あなたが、50代以上の女性を見て「あ、あの人、ステキ」と思う人はどのような人ですか？　私は、50代からの女性の美しさとは、目鼻立ちが整っていることではないと思います。若い頃は可愛らしかった女優やアイドルが、50歳くらいになって貧相な雰囲気になっているのをテレビで観ることがありますが、そうなってはダメだと思うのです。

50代からの美しさは、全身から出る「余裕」、顔の表情の「穏やかさ」、肌や髪の「手入れのよさ」、瞳の「力強さ」、行動の「機敏さ」、話し方の「落ち着き」、服や化粧の「自分らしさ」などではないでしょうか。これらがあると、50代でも、60代でも、それ以上の年齢でも「ああこの人、素敵な

人だ！」と感じます。目が大きいとか、鼻筋が通っているとか、そういうことは、50代以降の「美」には全く関係ないと思います。

時々、１００歳くらいの女性で、ご自分にあったおしゃれをしている人をテレビなどで観ると、本当に素敵だと感じます。いくつになっても、自分を美しく見せる気持ちを持ち続けることは、女性にとって大切だと思います。

2　50代女性が必ず迎える閉経と更年期

面倒な生理からやっと解放

50代の女性の健康問題というと、「更年期」という言葉が思い浮かびます。更年期障害という言葉もあるくらい、心身の健康に不調をきたす場合がありますね。先にも書いたように、私は医療の専門家ではありませんので、更年期障害に関して詳しく書くことはできませんが、私の経験談を紹介します。

実は私は、１年前まで「更年期」や「女性ホルモン」に関してはほとんど知識がありませんでした。知っていたのは、閉経の前後の時期を更年期とよぶ、更年期になると女性ホルモンが減少する、女性ホルモン減少のために更年期障害が起こる、まあこの程度でした。

私の閉経は40代後半くらいだったと思います。あまりはっきりしないのですが、多分この頃から生理が来ていないと思います。平均の閉経年齢よりも少し早めかもしれません。よく、閉経がショックだとか、生理が来なくなると寂しいという女性の話を聞きますが、私は全くそうは感じませんでした。むしろ、面倒な生理からやっと解放されてセイセイした気持ちです。だって、今から子どもを産もうと思っている訳ではないですし、生理なんて、もう私には全然必要ないですから。

母の更年期の症状を予想していたけれど

生理がなくなるのは嬉しいけれど、更年期障害が始まるのは嫌だなと思っていました。私の母は50歳前後の年齢の頃、更年期の症状で10年間くらい体調がすぐれませんでした。母の場合、階段を上るなど少し体を動かしただけで動悸がして息苦しくなるとか、何もしていないのに大量の汗をかくとか、身体がだるくて動きたくなくなるとか、そういう症状でした。母からそのように聞いていたので、私は、自分も更年期になったら同じような症状が出て来るのだろうと思い込んでいました(後に医者から言われましたが、更年期の症状は遺伝しないので、母親と同じ症状がでるとは限らないそうです)。

さて、私は自分の「来るべき更年期の症状」を勝手に思い込んでいた訳ですが、母のような症状は閉経後もまったく起こりませんでした。更年期とは、閉経年齢の前後5年の計10年間を指すそうです。私の場合、40代後半で閉経なので、52歳の現在は、「『ほぼ更年期終了です！』ということでよいのかな？」という感じですが、自覚のないまま更年期が終わりそうです。

本来は、40代になったら何もなくても婦人科に行って、ホルモンバランスなどをチェックしてもらうといいそうです。でも、そんなこともしていなかった私は、特段体調不良も感じなかったので婦人科にはいかないまま過ごしていました。

年に一度は、人間ドックで婦人科検診を受けているのですが、検査結果に問題がないので、検診のドクターからは特に何のアドバイスもありませんでした。

偶然の「よしの女性診療所」への通院スタート

本当に、ほとんど知識がないまま更年期の時期を過ごしてしまいました。でも実は、50歳になった頃から感じていた体調の変化があり、それが更年期によるものであると、あるとき婦人科医から指摘されたのです。その指摘は、ある偶然の機会で受けることになりました。

私には、現在中学生の娘がいるのですが、娘が子宮頸がんワクチン（※）を接種できる年齢になったので、婦人科に予約を入れることになりました。ワクチン接種が受けられる、自宅から一番近い医院が「よしの女性診療所」でしたので、ここを予約しました。

（※）子宮頸がんは20代30代の若い女性に一番多い「がん」で、現在、小学校6年生〜高校1年生の女子は無料でワクチン接種が受けられます。

この、よしの女性診療所の医院長である吉野一枝先生は著名な先生で、『40歳からの女性のからだと気持ちの不安をなくす本（永岡書店）』

『母と娘のホルモンLesson（メディカルトリビューン）』『婦人科医が教える　誰にも聞けない生理のお悩み解決法（彩図社）』などの著書のある先生です。せっかくこのような先生にお会いするのだから、娘の予防接種のついでに私も一度診察を受けてみようか、と思い、診察をお願いしました。

3　ホルモンバランスを整えることの効果

クラクラするめまいは更年期の症状

よしの女性診療所の医院長である吉野一枝先生の診察を受けたとき、「この数年で体調に変化はないですか？」と聞かれました。そう言われてみれば、気になることが2つありました。

1つ目はめまいです。私は研修講師をしていますので、1日中登壇をする機会が多くありますが、時々、登壇中にクラクラして、何かにつかまりたくなることがありました。主に午後が多かったと思います。午前中から登壇が始まって、午後になったころにクラクラし始めます。毎回ではないし、立っていられないほどではなかったので、周囲からはわからなかったと思います。この話をしたところ、吉野先生から、

「それはまさに更年期の症状ですよ」

と言われてビックリしました。

私は、このクラクラするのが更年期のせいだとは全く思っておらず、体力不足だと思っていました。講師たるもの、1日立っているとめまいが起こるなんて恥ずかしいと思い、誰にも言えずにいたのです。1日研修に登壇するだけの体力がないなんて、講師として今後やっていかれるのか？と不安になったりもしていました。ですから、吉野先生から「それは更年期だからよ」と言われて、

「なんだ、そうだったのか！」

とホッとしました。もっと早く知っていれば不安な気持ちにならずにすんだのに、と思います。

50歳を過ぎてからの体重増加

体調変化の2つ目は、体重がじわじわと増えて来ていること。私は若い頃から、体重は標準体重よりも少し多めで、まちがってもスレンダーではありません。それでも、20代から40代までは、ほぼ変わらない体重をキープしていました。

体重は減らないけれど増えもしない、そんな状態を30年間保っていたのに、50歳になった頃から、なぜか体重が増え始めました。ウォーキングなどの軽い運動は続けているし、今までより食べる量が増えたわけでもない。体重が増える理由は思い当たりませんでした。

この体重増加も、更年期の典型的な症状だそうです。

「放っておくと、1年間に10kgくらい簡単に増えちゃうわよ」と吉野先生に言われました。10kgも増えるのは困ります。今持っている服は全部着られなくなりそうです。

将来の骨粗しょう症を予防するホルモン補充療法

吉野先生から、更年期からの女性ホルモンの低下が、将来の骨粗しょう症も引き起こすことも教えていただきました。そして、今のうちに「ホルモンの補充」を始めることで、更年期の症状の緩和もできるし、骨粗しょう症の予防もできると教えてもらいました。70代、80代になったときに骨粗しょう症になるのは避けたいですね。せっかく長生きできても、骨が丈夫でないと、元気に活動し続けることが難しくなってしまいます。吉野先生のすすめで、私は昨年、51歳のときに、ホルモン補充療法（ＨＲＴ）を始めました。

ＨＲＴは、微量のホルモンを体に追加し続けることで、急激なホルモン低下を緩和するものです。健康保険の対象になりますので、自己負担は月額２０００～３０００円くらいです。錠剤、塗り薬、貼り薬など種類もいろいろあり、私は貼り薬を使っています。直径３ｃｍくらいのシールを、お腹に貼るだけ。これを３日ごとに貼りかえています。

ＨＲＴを始めて、まず実感したのはめまいがなくなったこと。ＨＲＴを始めて以降、一度も、あのクラクラする状態は起こっていません。

体重はどうなったかというと、着々と増えていたのが、増加が止まりました。ホルモン剤自体が体重増加を抑制する訳ではないとのことですが、体調が整ってきたのでしょう。今、少しずつですが元の体重に戻りつつあります。吉野先生から、減量は急激にやらずに、1年間で2～3kgくらいのペースで減らすのがいいと言われているので、ゆっくり戻していきたいと思っています。

肌が明るくなるなど美容にも効果が

そして、これは予想していなかったのですが、肌がきれいになりました。一番わかりやすいのはひじやひざ。ザラザラしていたのが、あれ？と気づいたらスベスベになっていました。爪もわかりやすいです。とても健康そうな明るいピンク色の爪になったと感じます。顔の肌も、クリームなどつけなくてもしっとりです。そして、顔色がとても明るくなりました。（あくまでも以前の自分と比較してですが）肌に透明感がでて明るい印象になり、血色もよくなりました。ＨＲＴを始める前の写真と比較すると一目瞭然です。

効果には個人差があると思いますが、少なくとも、将来の骨粗しょう症予防には効果があることがわかっています。50歳になったら、特別な体調不良がなくても、婦人科を受診して相談してみてはいかがでしょうか。

4　50代以降の美しさを引き出すのは、肌、髪、そして化粧

美しさもキャリアのうち

本書のテーマは女性のキャリアデザインですが、私は、女性に関しては、その人の美しさもキャリアの一部と言えるのではないかと思っています。特に50代以降の女性の美しさは、生まれ持った姿かたちではなくて、その人自身の生き方の現れだと思うのです。

生まれてから50年も経てば、肉体は衰えてきます。それを、成熟した大人の美しさに変えるためには、工夫と努力が必要です。そして、その美しさが自分の人生後半のモチベーションを支えてくれる原動力にもなると思います。

女性の見た目の美しさは、何と言ってもまずは「肌」だと私は思います。若い頃は何もしなくてもきめ細かくてツヤツヤな肌も、50歳になれば同じにはいきませんね。でも、50歳には50歳の、70歳には70歳の、１００歳には１００歳の美しさがあります。

よい食事をとり、睡眠を十分にとり、洗顔や基礎化粧品での手入れをこまめに行うことで、50歳の魅力ある肌になります。自分の周囲を見てみても、きちんとお手入れをしている人と、恐らくほとんどほったらかしているだろうと思われる人では、同じ年齢でも肌の美しさが全然違います。

「髪」も肌と同じで、手入れのよさが「人となり」を表すと感じます。50歳になれば、誰でも多少は白髪も出て来るでしょう。できれば、きれいにカラーリングをするとよいと思います。黒髪の中に白髪が混ざっていると、やはり、老けて見えるし、生活感が出ると言うか、放置している印象になります。

私も白髪が混ざっていますが、1か月半に1度のペースで、美容院でカラーリングをしています。お金も時間もかかりますが、年齢相応の美しさを保つために必要なコストだと思っています。髪全体を明るめの色にカラーリングしてもらうと、顔色も明るくなります。髪に美容液を注入してもらっているのでツヤツヤになります。これだけでもイキイキとした印象になりますね。

グレーヘアやスッピンは上級者向け

少し前に、グレーヘアが流行りました。自然に任せた白髪の美しさも素敵だと思います。でも、白髪のままで美しい印象にするためには、髪型とか、化粧とか、服装とか、髪以外のものをかなり品よくしておかないと難しい。いわば、白髪美は上級編だと思います。そして、黒色に対して白色の分量がかなり多くないと美しくなりにくい。50代ならやはり、カラーリングをするのがよいのではないかと思います。

肌、髪に続いて50代以降の女性に大切なのが、「化粧」です。スッピンのままの自然の美しさを否定するわけではありませんが、やはり、スッピンの状態で品よく美しさを出すのは、かなりの上級編だと思います。上手な化粧は、印象をグッと上げてくれます。

しかし、50代以上の女性たちを見ていて、自分の魅力を引き出す化粧をしているなと感じる人は非常に少ないです。はっきり言って、化粧が下手な人が多い。しかも化粧のテクニックが昭和時代のまま。これでは、せっかく化粧をしても、現代を颯爽と生きる大人の女性の美しさが引き出せているとは言えません。

デパートの化粧品コーナーでメイクをしてもらう

上手な化粧法がわからない人は、デパートの化粧品売り場でメイクをしてもらうことをおすすめします。まずは、どのブランドの化粧品にするかを決めなければいけませんね。わからないときは、

自分の知人の中で

「あの人はいつもきれいにメイクをしている」

と思う人に教えてもらうとよいでしょう。ブランドを決めたら、デパートの化粧品売り場のブランドショップで、正直に

「今まであまり化粧をしてこなかったのですが、私にあった化粧を教えて欲しい」

と伝えましょう。すると、そのブランドの化粧品を使ってあなたの顔に化粧をしてみせてくれると思います。

きちんと下地クリームを塗って、シミが目立つ部分はカバーをして、自分の顔の色にあったファンデーションを厚すぎず薄すぎず塗ったら、肌の色が見違えるようにきれいになります。アイシャドウも、雰囲気にあったものを選んでグラデーションをつけてのせたら目のまわりがスッキリします。上手にチークをいれると、顔色がよくなって明るい表情になります。アイブロウもアイラインも、上手な引き方を教えてもらいましょう。あなたの美しさがどんどん引き立ってくるはずです。

完成した化粧が気に入ったら、使った化粧品は一式全部購入しましょう。メイクアップ講座に受講料を払うより、使った化粧品を一式揃える購入費にあてたほうが、同じメイクが自分で確実にできると思います。

では、化粧をしてもらったのが気に入らなかった場合はどうするか？　その場合はもちろん、購入する必要はありません。相手も化粧のプロですから、お客さんに気に入ってもらえる化粧をプレ

ゼンできなかったら買ってもらえないのは仕方がない。具体的に何がしっくりこないのかを説明して、はっきりと断りましょう。

とはいえ、フルメイクをしてもらって、いろいろ説明もしてもらったのに、何も買わずに帰るのはちょっと申し訳ない気持ちになるかもしれませんね。そんなときは口紅の1本でも買って帰るといいかもしれません（口紅なら使うことがあるでしょう）。

50代以上の女性は、若いときよりも美しい自分をつくるように意識しましょう。肌や髪の手入れをして、上手に化粧をして、品のよい服を着て、上品に振舞いましょう。「何もしていないけど美しい」という訳にはいかないと思います。

5　50代からのメンタルヘルス

50代によく見られるストレスとは

身体の健康と美しさの他に、大切なのはメンタルです。50代以降の女性のメンタルヘルスについて、考えてみましょう。

今や日本は、年代に関わらず多くの人がストレスを抱えています。厚生労働省が発表している、うつ病などのメンタルヘルス不調者の数は、20代～40代が非常に多くなっていて、50代以降の世代は、若い世代に比べると少ないとされています。でも、「不調者」というほどではないとしても、

50代以降の年齢の人たちにも、ストレスは身近にたくさんありますね。

若い世代と違った、50代以降によく見られるストレスや不安には、次のものが挙げられます。

①喪失感

これまであったものを失うことで感じる失望感や悲しみのために、気持ちが落ち込みます。例えば、子育てが終わり、子どもの手が離れると急に喪失感に襲われたりします。「空の巣（からのす）症候群」や「子どもロス」「子育てロス」などと呼ばれる状態です。これまで子育てに多くの時間をついやして頑張って来た40代~50代の女性に多くみられます。

②自分の健康不安

50歳前後は更年期でもあり、体調に変化が見られる人が多いです。身体と心は連動していますので、体調がすぐれないと気分も落ち込みます。また、病気などで健康な身体が維持できなくなることで、悲しい気持ちになる場合もあります。更年期の症状や乳がんなど女性特有の病気は、他の人に打ち明けにくく1人で悩んでしまいがちです。

③将来への不安

人生の後半に向けて、仕事、お金、健康、介護など、漠然と心配な気持ちが広がってしまい、気持ちが落ち込みがちになってしまいます。また、人生の前半で取り組んでいたこと（仕事や子育て）がひと段落し、自分はもう必要とされていないのではないかと感じてしまったり、次の目標を失ってしまったりする人が出てきます。

私の知人の女性は、息子が2人いて専業主婦として子育てを一生懸命やっていた人ですが、下の子が中学生になった途端に、ものすごい喪失感に襲われたそうです。息子たちが学校に行き、家に自分一人になると、涙があふれてきてしばらく止らなくなる。これが毎日続いたそうです。小学校から中学校に進学しただけのように思われますが、その女性の中では、なんとなく息子が自分から離れてしまったように感じたのでしょう。

こんな風に、他の人から見たら何ということでもなさそうなことが、本人にとっては大きな喪失感になってしまう場合があります。そんなときは「自分が子育てを一生懸命やってきた証拠だ」と考えて、自分の気持ちの変化を自分で受け止めて、受け入れてあげましょう。

人に話を聴いてもらうことの効果

不安やストレスを感じているときに、人に話を聴いてもらうと気持ちがスッキリと軽くなる場合があります。人に話を聴いてもらうと、自分の悩みを客観的に見ることができたり、話しているうちに解決法を思いついたりします。また、「案外大したことではなかった」と思えるようになったりする効果もあります。

なんとなく気持ちが晴れない、なぜか涙がでてきてしまう、孤独感を感じる、などがあるときは、誰かに話しを聴いてもらうとよいでしょう。このとき誰に聴いてもらうかが重要です。あなたの話しを、途中でさえぎったりせずに最後までしっかり耳を傾けてくれる人を選びましょう。

時にはプロの活用も

一般的に女性の脳は、男性の脳よりも3～4倍の言葉のアウトプットが必要だそうです。つまり、女性は男性よりも3～4倍は話しをして、誰かに聴いてもらうことが必要なのです。家族や友人に、あなたの話を丁寧に聴いてくれる人がいたら、ぜひその人に聴いてもらってください。

身の周りにきちんと話を聴ける人がいない場合は、プロに相談するのがおすすめです。私の職業でもあるキャリアコンサルタントは、将来の不安や、就職の相談、仕事上の悩みなどを聴いて一緒に方向性を考える専門職です。もう少しメンタルよりなケアが欲しいときは、心理カウンセラーに話を聴いてもらうとよいかもしれません。また、更年期の症状として気持ちが不安定になっていると思われる場合は、婦人科に相談にいくといいでしょう。

ストレスと上手に付き合っていく

社会で活動をしていく中で、ストレスはつきものです。ストレスをなくすことは難しいですが、上手に付き合いながら、自分の気持ちを明るく前向きにしていきましょう。ストレスとの付き合い方で最も重要なのは、自分の受け止め方や考え方です。この後の章で、人間関係や時間の使い方の考え方について書いていますので、ご自分の納得感のある受け止め方を見つけてください。

気持ちは顔の表情や身体全体のしぐさに表れてきます。ほがらかなメンタルで、美しくイキイキとした女性でい続けましょう。

第5章

人間関係のストレスから解放される、周囲との付き合い方のコツ

1　人生後半、自分らしさを追求する

若いときに求められてきた「みんなと同じに」

50代以降は、女性はもっとエゴイストになっていい、と思います。それは、「どうあらねばならない」とか、「何をしなければならない」ということばかりではなく、「自分がどうありたいか」とか、「自分は何をしたいか」をもっと前面に出していいという意味です。

人生の前半は与えられた役割があって、その役割から外れることはよいと思われませんでした。例えば、子ども時代は、「子どもは子どもらしく」「素直でよい子に」と言われます。また、学校では「みんなと仲よく」と言われました。今の50代が子どもの頃の日本の教育では、全般的に「みんな一緒に」「みんなと同じに」と教えられてきました。

これからは「自分らしさ」を求めていく

大人になってからも、男女の性別的役割とか、女らしさなどにも、若い頃は無意識のうちに従ってきたのではないでしょうか。現代の男女平等の時代に、女性だから言いたいことも言わずに遠慮しなければならないとか、女性だから雑用を率先して引き受けるのが当然だとか、そんなことは本当におかしいと思います。ただし、おかしいとは思っていても、特に若いうちは「女性らしさ」が

求められがちですので、組織の中でこれを全く無視するというのも居心地が悪くなってしまいそうで難しいですね。

女性だけでなく、男性も同じですが、若い頃はどうしても「女らしさ」「男らしさ」が求められ、本人もそれに応えようとするものです。これは、ある程度自然のことかもしれませんが、50代になった今、若い頃を振り返ると、無理をしていた自分を感じませんか？　50代からは「女らしさ」よりも、もっと「自分らしさ」を追求していっていいのではないかと思います。

「50代の女性がどうあるべきか」なんて、誰も答えを持っていません。50代女性の「らしさ」なんていうものはないのです。60代以降も同じです。あるのは、その人それぞれの自分らしく生きていく姿だと思います。

女性の役割には定年退職がない

私たち女性は、周囲からいろいろな期待をされています。娘だから、嫁だから、妻だから、母だから、たしかにそうなのだけれど、その役割はいつまで続くのでしょうか。その役割に縛られて、だから自分はこうあらねばならぬと思ってしまうと、今までの状況から一歩も前に進めません。

会社の仕事には定年退職があります。定年退職になると、これまで積み上げてきた役割を手放して、ゼロベースで考え直すことになります。ゼロベースで考え直すことは大変ですが、人生の前半と後半の切り替えの時期に見直しをすることは必要ですので、定年はよい機会であると言えると思います。

ところが女性がこれまで生活の中で積み上げてきた役割は、会社の定年退職のように、強制的に見直しを迫られるタイミングがありません。ですから、自分でタイミングを決めて、自分の役割の見直しをしないと、若い頃に一度定着してしまった役割をいつまでも手放すことができなくなってしまいます。どこかのタイミングで、母親を卒業するとか、妻とか嫁とか娘などの役割をある程度整理して、

「ここは卒業させていただきます」

というようなことがあっていいと思うのです。

卒業する役割があると、周囲とのお付き合いも見直しができるようになります。家族との付き合い方はもちろん、ママ友達、仕事関係の知人、親戚などとの付き合い方なども、一度見直しをしてみるとよいでしょう。

2　良質な友人を持ち、大切にする

50代からの良質の友達とは

50代からの友達付き合いは、相手を十分に選んでいくということが大切だと思います。良質な友人と付き合っていきましょう。では、良質な友人とはどのような人でしょうか。

私が友人として必須だと思っていることは、私が挑戦しようとすることを心から応援してくれる人であることです。そして、上手くいったときには、一緒に喜んでくれる人。そう言う人が、私にとって良質な友人であり、大切にしたい人だと思っています。

自分の友人の中で、自分の新しい挑戦を応援してくれる人は、どれくらいいるでしょうか？

「私の周りにいる人たちは、みんな、私の活躍を応援してくれています！」

と言う人がいます。本当にそうであれば、その人は友人の選び方が上手で、とても幸せな人です。でも時々、応援してくれているように見えていたのに、実はそうではなかった、という場合もあるので気を付けてください。

嫉妬心をコントロールできない人とは付き合わないほうがいい

私の挑戦を応援してくれているように見えたのだけれど、実際にその挑戦が上手くいって、よい結果が出始めて来ると、嫌がらせをしてくる人というのが時々います。つまり嫉妬ですね。これは、女性に多いけれど男性にもいます。

そう言う人は、私の挑戦がなかなか上手くいかないときは、とても親身に相談を聴いてくれて、慰めたり、励ましたりしてくれるので、とても心優しい人に見えます。ところがその人は、誰かが自分よりも上手くやっているのが不愉快です。私のやっていることが上手くいき始めると、何とか諦めさせようとします。

「あなたには向いていないと思う」

「リスクが大きいからやめたほうがいいと思うわ。あなたのために！」

と言ってきたりします。

嫉妬心というのは、誰でも持っている煩悩です。また、うらやましいと感じる気持ちは、素直な気持ちであり大切です。でも、嫉妬心の大きすぎる人や、50歳を過ぎても自分の嫉妬心をコントロールできない人とは、お付き合いは遠慮したほうがいいと思います。

質のよい友人とは、私の挑戦を応援してくれて、かつ成功したときには心から喜んだり、称えたりしてくれる人である。私はこのように思っています。こういう友人とはぜひ長く付き合っていきたい。だから私も、友人たちの挑戦を応援していきたいし、上手くいったときは一緒に心から喜びたいと思っています。

自分にちょうどいい人数の友達を持つ

物事は「質と量」が重要です。友人も同じで、質のよい友人を、どれだけ持つかも大切です。あなたは、友人と呼べる人を何人持ちたいですか？

これは人によって大きく差があります。可能な限りたくさん欲しいと思う人もいれば、本当に自分を理解してくれる友人が1人いれば十分と思う人もいます。これは、自分の感覚でよいと思います。50代以降は、自分にちょうどいい人数の良質な友人たちを持ちましょう。そして自分も、大切な友人たちを応援し、友人たちの成功を心から喜んであげてください。

3　苦手な人とは上手に距離を置く

若いときは、お付き合いの相手は選べない

50代以降の人生をよい内容にするには、誰とどのようにお付き合いをしていくかが、とても重要です。良質な友人を持ちましょう。反対に、質の悪い友人、すなわち、あなたの挑戦を阻害したり、あなたの成功に嫉妬をしたりするような人とは、できるだけ関わらないようにしたほうがいいと思います。

また、質が悪いという訳ではないのだけれど、一緒にいるとなんとなく居心地が悪いと感じる人もいます。そういう人とのお付き合いも、できれば遠慮したいですね。ストレスや疲れがたまるだけで、よいことは何もありません。そんな苦手な人と、上手に距離を保っていくにはどうしたらいいでしょうか。

苦手な人と距離を置くというのは、若いときにはなかなか難しいものです。なぜかというと、例えば職場の中であれば、若いうちは仕事等で教えてもらったり助けてもらったりすることが多いですから、苦手だからと言って周囲の人たちと関わらないという訳にはいきません。

子育て中であれば、子どもの友達の保護者や、先生や地域の人たちには何かとお世話になる機会

も多いので、自分が苦手だからと言ってその人とのコミュニケーションを拒否すると言う訳にもいきませんね。若いときは、自分が誰と付き合い、その人とどのような関係性をつくらなければならないかを、自分で選ぶことは難しいのです。

50代以降は人付き合いが自由になる

50歳を過ぎると、それができるようになります。このくらいの年齢になると、職場でどうしてもお付き合いをしなければならない人は徐々に少なくなってきます。業務上のやり取りは必要だとしても、気持ちを込めた関わりをするのは、自分がこの人に対しては何かをしてあげたいと思う相手だけでよいでしょう。

そして、もう子育ては概ね終わってますので、子ども関連の人と顔を合わせなければならない機会もなくなります。気の合うママ友達とは、引き続きお付き合いをしていけばよいし、気の合わない人とは、もう会う必要はないのです。

50代以降は、人付き合いが自由になります。誰とどのように関わっていくのかを、誰からも強制されることなく、自分自身で決めることができる年齢になったのです。若いときに半ば義務感で付き合っていた人とは疎遠になっていきます。これまで自分が出会った人たちの中で、この後も長くお付き合いをしていきたいと思う人は誰なのか、しっかりと考え直すタイミングだと言ってよいでしょう。

苦手な人と無理なく疎遠になるにはどうしたらいいでしょうか？　心配しなくても、ほとんどの場合、何もしなくても自然に疎遠になっていきます。人同士というのは上手くできていて、こちらが「あまりお付き合いしたくないな」と思っていると、多くの場合、相手も同じように思っているものです。お互いに、無理に関わる必要はないと思っていますので、必要性がなくなれば自然に円満にお別れができるでしょう。

いい人ぶるのはやめよう

もっとも、こちらはお別れしたいのに、疎遠になれない人がいる場合があります。こういうときは、自分が変わる必要があるかもしれません。好きでもないのに好きなふりをしていたり、楽しくないのに楽しいふりをしたりしていませんか？　つまり、あなたはいい人ぶっていませんか？　ということです。

いい人だと思われたいとか、みんなから好かれたいとか、ノリの悪い人だと思われたくないとか、そういう気持ちが自分の中に強くあると、つい楽しいふりをしてしまいますし、次回また誘われたときにも断ることができません。

誘われて参加したのであれば、その場はせっかくですからできるだけ楽しんだほうがいいし、誘ってくれたことのお礼も言ったほうがいいでしょう。でも次に誘われたときには、もう参加したくないのであれば、いい人ぶらずに、きちんと断ることも大切です。

4　新たな出会いを楽しむ

若い頃は、何もしなくても出会いがたくさんあった

人生前半でたくさんの出会いがあって、いい人も困った人もいて、人間関係はもう面倒だからいいわ、という人もいるかもしれません。でも、人生はまだまだ長く続きます。50代以降も、新しい出会いを楽しむ気持ちというのは大切だと思います。

若いときは、学生時代の同級生とか、職場の同僚とか、子育てに関わる人たちとの関係とか、自分が望んだ訳ではないのに、自分でも無意識のうちに環境が与えられて、そこにいる人たちと半強制的にお付き合いをすることになっていました。人間関係で、大変な思いをした人もいるかもしれませんね。

でも、見方を変えれば、自分は特に何も努力をすることなく、多くの人と関わる機会がもらえて、多くの知人友人を得ることができていたということです。私は、どちらかと言うと人付き合いは得意なほうではないのですが、それでも若い頃は自分の周りにいつも誰かがいて、新しい人と出会い、毎日何十人もの人と会話をしながら時間を過ごしていたと思います。

50代以降はそんなふうに、何もしなくても誰かが新しい出会いを運んで来てくれることは少なくなります。50代以降にあらたに友人をつくるというのは、若いときほどは簡単ではないと思います。

いくつになっても新しい出会いは大切

今まで会ったことのない初めての人に出会い、お互いに相性を確認をし合いながら友人関係がつくられていくプロセスは、何歳になってもあったほうがいいと思います。人間関係が広がると、それだけ自分の活動範囲が広がりますし、自分ひとりでは出会えなかっただろう楽しいことや貴重な体験などに導いてもらえたりするからです。

また、自分でできることには限りがあります。アイデアや活動を広げていくためには、自分と違う知見を持っている人と会話をしたり、活動をしたりすることが大切です。もしもこれからの人生で何に挑戦すればいいのか、アイデアが浮かんでいなかったり、何から始めたらいいかわからなかったりしているのであれば、今までとは違う人と話をしてみると、何か浮かぶかもしれません。

50代以降の人間関係は誰からも強制されない、そして、誰も運んできてくれません。自分が行動を起こして、新たな出会いを自分に運んでこなければならないのです。

学生時代の同窓会などに出かけていくのもよいでしょう。私は中学時代や高校時代の同窓会があるときは、できるだけ参加させてもらうようにしています。もう本当に何十年ぶりかで会う友人がいたりします。学生時代は同じ学校で同じように毎日を過ごしてきた同じ年齢の友人が、それぞれの人生を歩んできて今一緒に50代になり、お互いの人生を振り返って話をしていると、色んな気づきがありますね。そしてまた改めて、ここから交友が始まる人もいます。同窓会の誘いをもらったら、ぜひ参加するとよいと思います。

年代の違う友人もいるといい

新しい出会いの友人は、年齢の幅も広いとよいですね。自分より若い友人や、10歳以上年上の友人もいるといいと思います。年齢が離れていると、自分とは違った感覚を持っていますので、とても刺激になります。

私は、同年代の友人よりも、年上の人と一緒にいたほうが落ち着くことがあります。仕事で行き詰まったり、自信をなくしかけたりしたときには、年上の人に話を聴いてもらいたくなるのです。年上で、私のことをちゃんと応援してくれる友人は、私の自信を回復させてくれて、上手にモチベーションを上げてくれます。

そういう年上の方々は、この場での話の流れ上「友人」と書きましたが、尊敬する大先輩方です。会社を辞めて独立してからお会いした方々の中には、私にとって人生の後半に会うことができた、大切な友人の方々が何人もおられて、いつも支えていただいています。本当に、感謝しています。

5　夫婦の役割を再検討する

性別的役割分担の中で生きてきた世代

50歳を過ぎたら夫との関わり方を見直すことも考えましょう。今後も一緒に生活していく前提で、より快適に暮らしていくために、お互いの役割を見直してみましょう。

私たちが若かった頃は、まだまだ男女の性別的役割分担というのが社会的に強く言われていました。子どもの世話も家事も、本来は男性だって女性と同じようにできるはずです。

それなのに、女性に対しては次のようなことが言われていました。男性だけでなく女性も、そのように信じていた時代でした。

「家事・育児は妻・母親がやるべき」

「料理も洗濯も掃除も、男よりも女のほうが上手くできるのだ」

男性に対しても同じです。そして多くの男性たちが、それを素直に信じて実行してきました。

「男は外で働いて稼いできて、家族を養っていくものだ」

「男は弱音を吐いてはいけないのだ」

言うまでもありませんが、女性だって男性だって、何が得意で、何をやりたいかは人それぞれです。外でバリバリ働いて、たくさん稼いで家族を養っていくことが得意な女性もいるし、家事が上手で子どもと一緒に過ごすのが好きだという男性だっているはずです。仕事を頑張りたい女性もいるし、子育てがしたい男性もいるのです。

でも残念ながら、今の50代が若かった頃は、そういう選択肢はほぼなかったと言っていいです。女性はこれ、男性はこれと、性別で社会的役割が割り当てられていました。その結果、職場での役割も、家庭での役割も、男女で固定的なものになってしまっていました。私たちはそういう中で、人生の前半を過ごしてきました。

女性が管理職に向いていないわけではない

日本では2015年頃から女性活躍推進という言葉が使われ始めて、女性の管理職や役員を増やしましょうという活動が始まりました。

ところが、なかなか女性の管理職は増えず、女性自身も管理職になりたくないという人が多いのが実態です。

「ほら、やっぱり女性は管理職には向いていないのだよ」と言う人がいますが、そういう言葉を聞くと、全く何を言っているのですかと言いたくなります。

これまで長年にわたって、「仕事で活躍するのは男性である」とされてきたのに、急に女性も活躍しろと言われても、どうしたらいいかわからないです。そんなにすぐには変われません。

そして、家庭においても、同じことが言えると思うのです。これまでは、家事育児は女性がやることであって、男性がすべきことではないとか、男性は家事育児を上手くできない、などと言われてきました。

それを急に、「男性も家事育児ができるはずだからやりなさい」と言われても、どうしたらいいかわからないはずです。そういう男性がたくさんいると思うのです。特に50代以上の男性たちは、今更考え方を変えるのも大変だし、家事はやったことがないのでハードルが高いです。家の中では何もできない男性が多いですが、これはご本人のせいではなく、また本当にできない訳ではないと私は思っています。

夫婦が心地よく生活していかれる役割分担を考える

女性に仕事ができない訳ではないし、男性に家事ができない訳ではありません。そのことをよく認識してほしいのです。

これから、夫婦でまだ何十年か一緒に暮らしていくのであれば、若いときから続いてきた役割分担を一旦白紙に戻しましょう。仕事のことも、家庭内のことも、今までの役割分担は社会から押しつけられてきたものでした。今後は、自分と夫が、お互いに何をやっていけば２人で心地よく生活していかれるのかを考えましょう。

「うちの夫は頭が固いから無理かも」と思う人は、タイミングを考えましょう。会社員の夫であれば、定年退職の前後が、自分の役割をあらためて考えるタイミングです。そのときが今までの思い込みを変えるチャンスです。

6　夫が間もなく定年退職、さあどうする？

妻が感じている危機感

結婚をしている人の中には、夫が会社員（あるいは公務員など）で、あと数年で定年退職という人も多いと思います。「夫が定年退職になったらどうしよう?!」と危機感を感じている女性は多いのではないでしょうか。どういう危機かというと、「夫が毎日家にいる」危機です。今まで毎日会社に行っていた夫が、仕事を辞めたら毎日家にいる。これを一体どうしようか、と50代女性の間ではしばしば話題になりますね。

定年退職よりも、もっと前に、危機を感じる人もいます。夫が50歳を過ぎた頃から役職定年になる場合がありますが、役職定年になると、これまで管理職として忙しかった人も平社員となり、残業が減り、接待の飲み会もなくなって早い時間に帰宅するようになります。土日の接待ゴルフもめっきり少なくなります。以前よりも夫が家に居る時間は、だいぶ長くなり、なんとなくストレスを感じている妻たちは少なくありません。

定年退職になったら、早く帰宅するどころではなく、朝から毎日夫が家にいます。さて、どうしましょうか?

誤解のないように書いておきますが、何歳になっても、とても仲よしのご夫婦もいます。私の隣の家のご夫婦は、夫が定年退職後、毎日のようにお二人で一緒にテニスに出かけたり、買い物に行ったりと本当にいつも一緒。朝のごみ捨てにも一緒に出てこられるくらい仲よしです。そういうご夫婦はそれで問題ありません。でも、私の知ってる限り、そういう超仲よし夫婦は少数派ですね。多くの妻たちは「危機」を感じていると思います。

夫たちが口にする「定年後は妻とゆっくり」

私のメインの仕事は、企業で働く人たち向けのキャリアデザイン研修の講師です。色々な年齢の方々を対象に研修をしていますが、最近増えているのが、定年退職を数年後に控えた50代の社員の方たちのセカンドキャリアを考える研修です。現時点では、多くの会社で、50代の年齢の社員は圧倒的に男性が多いので、この研修の受講者はほとんどが男性です。

この50代向けのキャリアデザイン研修で、私はいつも受講者に次の質問をします。

「皆さんはこの会社を定年退職した後は、どのような生活をしたいとお考えですか？」

受講者からは、どんな回答が返ってくると思いますか？

5～7割ぐらいの人が「妻とゆっくり過ごしたい」と言います。

「妻とゆっくり過ごすっていうのは、具体的にどんなことですか？」と私が続けて聞いてみると、「今まで毎日忙しかったので、奥さんと2人で家でゆっくり会話でもしながら過ごす」、「たまには2人で旅行に行きたい」という返事が返ってきます。

私は「妻たちが聞いたら、『とんでもない！』と引っくり返りそうだな」と思いながら聞いている訳です。

妻と夫との意識のギャップが課題

私は女性として、妻側の考えもたくさん聞いていますので、「妻の危機感と夫の考えの間にはだいぶギャップがあるなあ」と感じています。夫たちには、もちろん悪気はありません。そして、きっと奥さんも受け入れてくれるだろうと思っています。妻の感じている危機感には、全く気づいていません。

実際、女性側も、普段から井戸端会議で夫の悪口を言っているほどには、本当は夫のことをそんなに嫌いな訳ではないのだと思います。ただ、現状では夫は家では何もしないし何もできない。そんな人と毎日一緒にいたら、自分の負担が大きくなるに決まっている。そう感じるから「危機」になるのでしょう。

定年退職によって、夫は人生の転換期を迎えます。ここを一緒に上手く乗り越えて、あらためて夫婦が心地よい関係を作れるか。妻として、ちょっと頑張りどころかもしれません。

7　夫のセカンドキャリアを支援する

男性はなぜ「妻とゆっくり」と言うのか

ではなぜ、男性たちは、「妻とゆっくりしたい」と口を揃えて言うのでしょう。それは、退職後の生活について、他に何も思いつかないからではないかと私は思っています。

企業戦士だった50代の会社員男性たちは、今まで何十年も通い続けた会社に来なくなるときのことは、できれば考えたくないのだと思います。はっきり言って、今まで仕事しかしてこなかった。その仕事がなくなり、自分の役割もなくなり、いる場所もなくなる。そうなったときにあなたは何をしますかと、無情な研修講師（私）が質問するので、仕方なく「妻とゆっくり」と言っているのだろうなと、そう感じています。

今まで、仕事をして家族を養っていくことが自分の使命だと信じて、ひたすらそうしてきたのに、それを失おうとしている訳ですから、哀愁が漂って当然です。これはやはり、男性たちには定年退職後もあらためて、役割とか使命を持たせてあげることが必要だろうと思います。

男性のほうがセカンドキャリアをつくるのが難しい

社会人が自分のキャリアに迷ったときに相談する相手として、キャリアコンサルタントという職業があります。私もその職業に従事している訳ですが、残念ながら、すべての迷える人がキャリアコンサルタントに相談する機会がある訳ではありません（私としては、すべての人に相談してほしいと願ってはいますが）。家庭を持つ50代の男性にとって、もっとも身近に相談できるのは、やはり妻であるだろうと思います。

「夫のセカンドキャリアは夫が自分でしっかり考えてほしいわ」と妻としては思うかもしれません。しかし、長く会社に勤めてきた人というのは、会社から期待されて、その期待にそった成果を出していくことで評価をされることに慣れてしまっています。誰からも期待されている訳でもないのに、自分のやりたいことを見つけて新しく始めるというのは、慣れていないのです。

女性だって、長く会社に勤めていれば男性と同じ状態だと思うかもしれませんが、それは違います。女性は、社会人生活の中で何度も壁や天井にぶち当たっています。子育てと仕事の両立、家庭と仕事のバランス、昇格の不公平さなど、大小様々な問題にぶつかりながら、その都度折り合いをつけながら進んできています。

これは若いときにはただの苦労に感じて、「なぜ女性だけがこんな困難に当たらなければならないのか!?」と感じていたかもしれません。少なくとも、私はそう感じていました。でも、それを乗り越えてきた50代の女性の経験値の高さは本当にすごいです。

50歳を超えた今となっては、「これまで私に苦労をさせてくれてありがとね」と言ってもいいくらいだと思っています。おかげで女性には、退職後に自分がどうしたいかを考えて、自分の道を切り開いていく力が備わっています。

気の毒なことに、男性にはそういう苦労の経験がありませんから、仕事がなくなってしまうと、本当に何も残らなくなってしまうのです。定年退職後に自ら次の道を見つけてセカンドキャリアをつくっていくのは、女性よりも男性のほうが難しい。誰かの支援が必要なのです。

男性は仕事がなくなると一気に老ける

男性の中には、定年退職後に自分がやりたいことの希望をはっきりと持っている人も、少数ですがいますね。例えば、私の母方の叔父などは、若いときから海釣りが大好きで、早く退職をして釣り三昧の日々を過ごしたいと昔から言っていました。そして本当に、定年退職後は週に3日は釣りに行き、仲間たちと楽しく日々を過ごしています。

そんなふうに自分のやりたいことがあって、自分の世界があり、友人がいる。そういう男性はお好きなようにすればいいと思います。でも、それがなくて、定年退職後は何をすればよいのか見当がつかずに、とりあえず「妻とゆっくり」という言葉を口にする男性は、やはり引き続き家族のために仕事をするのが一番だろうと思います。

定年退職した会社にそのまま再雇用で残ってもいいし、別の会社に転職をするのもいいです。自分で起業して何かビジネスをつくっていきたい意欲のある人であればそれもいいでしょう。いずれにしても、今まで仕事しかしてこなかった人ですから、今後も仕事をして、家族が安心して暮らせるようにお金が稼ぐ役割を持たせてあげるのが、一番イキイキと過ごしていかれると思います。

50代以上の男性を見ていて感じるのですが、会社勤めを辞めて半年後くらいに会うと、こんなに変わってしまうのかと思うぐらい老け込んだ姿になります。男性って本当に、毎日仕事に行って、スーツを着てネクタイを締めて、もしくは作業着を着て、自分のやるべきことを一生懸命やっていたときの顔と比べて、それをやめて、何もしないで過ごした半年後を見ると、覇気もなくなり、一気に老けてしまいます。

夫にはイキイキと仕事を続けてもらおう

家族から期待されて、家族のために仕事をする男性は、いくつになってもイキイキとしています。若いときから、それが自分のやるべきことだと思って生きてきているので、それを続けられるのは幸せなのだと思います。夫が仕事を続けてくれると、妻も、精神的にも、金銭的にも、大変助かります。夫婦の関係性も、悪くならずにキープできると思います。

そして、少しずつ、家庭内の役割も期待をしていきましょう。男性がいつまでも、家事を何もできないままというのはよくありません。男性だって、今までやる機会がなかっただけで、掃除や料理などが上手な人がいるはずです。家事もできて、元気に稼ぎ続けるような夫のセカンドキャリアを、一番身近にいる妻がぜひサポートあげてください。

8　一緒にお金の勉強をするとよい理由

夫婦で今後の人生に必要なお金を確認する

50代の男性の中には、定年退職後はもう仕事はせずに、ゆっくり過ごしたいという人がいます。中には、田舎に引っ越しをして、妻と2人でのんびり暮らしたいというような希望を語る人もいます。妻もそれを望んでいるのであれば、もちろんそれでいいでしょう。実際に定年後の生活を、夫婦で海外や田舎に移住して暮らす方々はたくさんいます。そういう生活を、2人ともが望んでいるのであれば、何も問題はありません。

でも、妻の希望はそうではなくて、夫には引き続き仕事をしてほしいと思っているのであれば、ぜひ仕事をしてもらえるように、夫のセカンドキャリアを支援しましょう。その際、どうやって夫を説得するのがよいかというと、夫婦で一緒にお金の勉強をするのが一番だと思います。

世の中には、人生の後半のお金について教えてくれるセミナーがたくさんあります。無料のものから有料のものまでありますし、ファイナンシャルプランナーに個別に相談することもできます。自分たちの目的に合うものを選んで、夫婦で一緒に勉強をしてください（無料セミナーは、営業目的で開催されるものが多いです。セミナー終了後に金融商品の紹介などがある場合が多いので、それを理解した上で参加しましょう）。

これから先、夫婦で90歳から１００歳まで生きるとしたら、どのくらいお金が必要なのか。どのくらいの蓄えがあるといいのか、今後はどのくらい稼いでいく必要があるのかなどが、お金の勉強をするとわかってきます。

２０２０年10月現在の年金制度では、基本的に65歳になると年金の受給が始まりますので、それを加味して、夫婦が安心して暮らしていかれるだけの自己資金はどれくらい必要なのかを、具体的に計算してみましょう。

まだまだ現役、夫も妻も働こう

人によりますが、ほとんどのケースで、60歳の定年退職後に全く仕事をしないで平均寿命まで生活をしていくのは、難しいと思います。不可能ではないかもしれないけれど、かなり節約が必要ですし、病気などになった際の不安が大きいと思います。それが、はっきりと数字で示されますので、少々ショッキングではありますね。

しかし、それが現実ですので、２人でしっかりと確認することが大切です。

夫婦２人で一緒にショックを受けた後、夫はきっと言うでしょう。

「定年後はゆっくりしたいと思っていたけれど、まだまだ働かないといけないなあ」

そうしたら、妻はぜひ言ってあげてください。

「そうね、そうしてもらえると、老後も安心だわ。セカンドキャリアも、頑張ってね！」

夫はきっと、退職後の稼ぎ方を考えることでしょう。「２人の老後の安心のために」という目標が明確になって、その目標を妻とも共有できたのですから、目標に向かって頑張ると思います。50代の男性の、家族や妻に対する責任感や、自分がしっかり稼がねばという意識は、尊敬に値するものがあります。その想いを、呼び起こしてあげましょう。

そして、妻はさらに言いましょう。

「私も頑張って働くわ！」

そう、女性も働きましょう。収入を夫にばかり期待してはいけません。お金のためもありますが、自分自身の自立とセカンドキャリアのために、働いて収入を得ていきましょう。

この期に及んで、家事のために奥さんは家にいてほしいなんて、もはや夫もそんなことは言わないと思います。妻がしっかり働き始めると、もしかしたら夫も家事に参加し始めるかもしれません。

第6章　仕事も私生活も充実させる、時間管理のコツ

1　時間管理とは？　時間の使い方は自分が決める

時間を管理するとはどういうことか

時間管理を考える前に、まず管理するという言葉の意味を考えてみましょう。例えば「健康管理」という言葉は、自分の健康を保つとか、もっと健康になるように努力するような意味でしょう。「体重管理」といったら、体重が何キロ以上増えないようにするとか、もしくはダイエットをして何キロ減らすとか、そういう意味だと思います。つまり、健康管理とか体重管理というのは、現状を維持したり、増えたり減ったりするのをコントロールする意味合いがありますね。

では、「時間管理」とはどういう意味でしょう。時間管理には大きく分けて2つの意味があります。

1つ目は、「何時に何をやる」などとスケジュールが決まっていて、その時間に遅れないようにするという意味です。

例えば、会社に遅刻をすると「時間管理がなっていない！」と怒られたりします。8時30分までに会社に来なければならないのであれば、逆算をして、何時に家を出ればいいか、そのためには何時に起きればいいかを考えて、行動をしなければなりません。これが1つめの時間管理の意味です。決められた時間を守るのは社会人の常識。若いときから学校でも職場でも、常に言われてきていることだと思います。

時間管理とはやることを管理すること

時間管理のもう1つは、「仕事を効率よく終わらせるための時間管理」とか「生活を充実させるための時間管理」というように使われるものです。

時間というのは、先ほどの健康のようによくなったり悪くなったりするものではないし、体重のように増えたり減ったりするものでもありません。時間そのものを変えることはできないのです。すべての人が1日は24時間、1週間は7日間というように、持ってる時間は平等に決まっています。

私は子育て中の20代後半~40代の頃、毎日が本当に忙しくて、なんとか私だけ1日が30時間にならないものかといつも思っていました。しかし、もちろんそんなことにはなりません。時間が余って退屈な人がいたら、ぜひその人から時間を譲っていただきたいとも思っていましたが、もちろんそうもいかない訳です。

時間は決まっています。では、時間管理と言ったら一体何を管理することなのか?

答えは「決まっている時間の中で何をするかの管理」です。つまり、時間管理というのは実は、時間を管理するのではなくて、「何をするか」の管理なのです。

やることの優先順位づけ、50代以降は自分で決める

「やりたいことがありすぎて、全部できなくて困る!」と言う人は、優先順位づけをしなければ

なりません。①絶対にやること、②できればやること、③やらなくてもいいことの3レベルに分けて、絶対にやることを確実にやることが大切です。

では、この絶対にやることとは何か？　仕事であれば、成果につながることや、やりなさいと指示されていることのことでしょう。ではプライベートではどうですか？　プライベートな時間の中で、絶対にやることとは何でしょう。

人生の前半には、やらなければならないことがたくさんありました。特に家庭を持っている人は、家事、育児、ご近所づきあいなど、やらない訳にはいかないことがたくさんあったと思います。

でもこれからは、他人から強制されることはほとんどありません。人から決められた「絶対にやること」は、もうほとんどないと思います。これからは、絶対にやることは、自分で決めるしかありません。

1日の時間を、何をして過ごすか？　これから何に時間を使っていくか？　これを考えることが、50代に求められている時間管理です。

2　自分の時間とは何か

やりたくてやっている時間はすべて自分の時間

自分の時間を持つという言葉をよく聞きます。

「自分の時間が欲しい」、「自分の時間が足りない」というように言ったりもします。やはり自分の時間が持てないと、心にも余裕が持てなくなってきますし、ストレスも溜まってしまいます。自分の時間は大切です。

では、自分の時間とは何でしょう？　あなたにとって自分の時間とは何ですか？　よく聞く回答は、趣味の時間ですね。好きな音楽を聴くとか、スポーツをするとか、カフェでぼーっと過ごすとか。このような時間は、いかにも「ザ、自分の時間！」という感じがします。まさに自分のために確保された時間です。

自分のための時間が十分に確保できると、時間に対する満足度は高くなります。でもそのためには、まず何をしている時間が自分の時間なのかをはっきりと意識する必要があります。どういう時間であれば、これぞ自分の時間だと自信を持って言えるのでしょうか。これは人によって違うと思います。

私は、自分がやろうと思ったことをやっている時間は、すべて自分の時間だと思っています。その内容が仕事であろうと、遊びであろうと、子育てであろうと、自分の意思でやろうと決めてやってることは自分の時間だというように、自分の中で定義をしています。

仕事と子育てで忙しかった20代後半から40代にかけて、私は優雅に音楽を聴いたり、スポーツを楽しんだりする時間は全くありませんでした。趣味の時間なんて、なかったと思います。

でも、そもそも自分の意思で子どもを持ったので、私にとって子育ての時間は自分の時間だと思っていました。ですから「子育てが忙しくて自分の時間が取れない」と感じたことは一度もありません。

仕事の中で楽しさを感じたら、それは自分の時間と言っていい

仕事も同じです。47歳までは会社員でしたから、やりたくないのにやらなければならない業務も、もちろん（たくさん）ありました。やりたくはないけれどやらなければならない業務の時間は、自分の時間とは感じられず、あくまでも業務時間。給料をもらうために作業をする時間でした。

でも、楽しい仕事もありました。私は会社員時代に、社内外の色々なプロジェクトの立ち上げを任せてもらっていたので、その仕事は楽しい時間も多かったです。「次はこれをやったらどうだろう？」と考えて試しにやってみたり、そのために調べたり勉強したりしました。自分がやりたくて取り組んでいた時間は、業務でありつつ、自分の時間でもあったと感じています。

もしも仕事をしてる時間は自分の時間とは感じないし、家事をやっていても自分の時間とは感じない、そういう場合は、やはり1日が仕事と家事だけで終わってしまっては楽しくありませんね。自分の時間が持てていないですよね。「私の時間」と思える時間を、別途つくったほうがいいと思います。

でも、もしも自分がやってる仕事が、仕事ではあるのだけれども、それをやってる時間がとても楽しいとか、やりたいことをやってるなどと感じることができたら、それは十分に自分の時間で

あると思います。そういう人は、無理に趣味の時間をつくったりする必要はありません。仕事時間の中で、自分の時間を持てているのです。

家事の中に自分の時間が持てる人もいる

家事も同じです。私のように家事が苦手で、できればやりたくないと思っている人にとっては、家事は作業であり、生活していくために必要だからやっていることでしかありません。私にとっては、家事の時間は、「単なる家事作業」の時間であって自分の時間ではありません。

でも、例えば料理が大好きで、料理をしている時間が楽しいとか、つくった料理をみんなに美味しいと言ってもらえるのが嬉しい人もいますね。そういう人にとっては、料理をするというのは、ただ単に家事をこなすということではなくて、自分が楽しめる時間ですし、自己表現の時間とも言えると思います。

掃除もそうです。部屋の片づけをすると、ストレス発散になるという人は結構います。乱雑にちらかっている状態から、物をあるべき場所に戻してビシッと決めると、気持ちがスッキリするそうです。また、食後の食器洗いが、ストレス解消にきくと言う人もいます。汚れたナベや食器がピカピカに洗い上げられていくのを見ると、やはりスッキリしたり達成感を感じたりするそうです。

こういう人たちにとっても、家事は単なる作業ではなく、自分の心を休めるための動作であって、自分の時間と言ってよいのだと思います。

同じことやっていても、その時間が自分にとってどのような意味を持つのかは、人によって違います。だから、何をする時間を持つべきなのかは自分で考えるしかないのです。

何をする時間を持つべきかがわかってくると、同時に不要な時間もわかってきます。そうやって、1日24時間、1週間は7日間と決まっている時間の中で、自分が取り組むことを決めていきましょう。

3 家事の主役は誰？ 世の中の意識は変わっている

テレビCMでは家事の主役は男性に

最近の家電製品のテレビCMを見ていると、以前とはずいぶん変わったなあと思います。何が変わったかというと、CMの中で家事をやっている主役が、女性から男性になりました。10年前は、CMの中で料理をしたり洗い物をしたりしているのは女性と決まっていたのに、最近では「妻が食事の後片づけをしている隣で、夫はリビングでくつろいでいる」なんていう場面を放送したらクレームが来ることでしょう。

視聴率調査会社「ビデオリサーチ」が2017年に行った調査によると、食品のCMの中で調理をしている人の性別は、2008年は女性8本、男性1本で、女性が圧倒的に多かった。しかし2014年に初めて男性の本数が上回り、2016年には男性9本、女性3本になり、男性のほうが圧倒的に多くなりました。掃除洗濯用品のＣＭは、２００８年は女性17本、男性５本だったのが、２０１６年は女性19本、男性11本だったそうです。この時点ではまだ女性が多かったものの、確実に男性の比率が上がってきています。

本書を書いている２０２０年では、女性だけが家事をやっているＣＭは、もはやほとんど見られません。反対に、男性だけで料理をしたり洗濯をしたりしているＣＭは複数ありますね。また、夫婦が２人で一緒に料理をしたり、掃除洗濯を分担していたりしているＣＭもよく見られます。夫婦だけでなく、子どもたちも一緒に家事をしているＣＭもありますね。

テレビＣＭはその時代の世相を反映しています。これからは、こんな風に、家事を家族みんなでやることが当たり前になるのでしょう。

現実の50代夫婦では、家事は妻が中心

さて、現実の生活の中で、今の50代の夫婦の家事分担はどうでしょうか？　私たち50代が結婚生活を始めた当初は、家事は女性がやるものと思われていました。その後、共働き世帯が増えてきても、「家事は女性」という概念は変わりませんでした。

いくら世の中の常識が変わってきたと言っても、家庭の中で一度定着してしまった家庭内役割はなかなか変わらないものです。ＣＭの中では家事に積極的に取り組む男性がこんなに増えているけれど、現実の50代の夫婦の家庭では、今でも妻がひとりで家事を担っていることが多いのではな

いでしょうか。

でも、家事をやらない夫に対して、「うちの夫は時代遅れな男だ」と落胆する必要はありません。50代の男性は、この世代の常識に則ってやってきただけで、悪気はないと思います。男は外で働き、女は家庭を守る、そう信じて働いて来た訳ですから、夫を責めても仕方ありません。

でも、これまでがそうだったからといって、これからもずっとそのままで行かなければならない訳ではありません。自分の時間を確保するために、家事の時間を整理しましょう。もうやらなくてもいいことはやめるとか、便利な家電製品を購入して時間短縮をするとか、夫や子どもたちと分担をするなどを検討するとよいでしょう。

4　家事時間は短縮されているはず、挑戦のための時間を確保しよう

子育てと家事はセットだった

これから何か新しいことに挑戦しようとするとき、その挑戦に必要な時間を確保することが必要です。50代の女性にとっては、家庭内で費やしている時間、つまり、家事時間を見直すと、今まで なかった「自分の時間」を確保できるようになります。

特に子育てをしていた女性にとって、子育てと家事はセットだったと思います。子どもに食べさせるためには料理が必要、そのためには買い物が必要だし、食べ終わった後の片づけもしなければ

ばならない。部屋も、子どもが散らかしたり汚したりするので、掃除も毎日しないと大変なことになります。

洗濯物も多いですね。子どもは小さいうちは何度も着替えたり、シーツを汚したりします。大きくなってスポーツをするようになると、練習着やユニフォームの洗濯物が大量に出てきます。我が家では、２人の息子たちが小学生から高校までサッカーをやっていました。一時期は夫も一緒になってやっていたので、洗濯物はいつも山になっていました。

以前、息子たちが中高生くらいだった頃、あるママ友達が言っていました。「子どもにスポーツをさせるなら水泳に限るわね」と。理由は洗濯物が少なくて済むからですって。「たしかに！洗い物は水泳パンツだけだから楽ちんね！」とママ友達同士で笑いながら話をしたのを覚えています。子どもが野球やサッカーなどをやっていると、毎日、泥と汗のしみ込んだ練習着や靴下の洗濯で、追われるようですから。

夫や子どもに任せたら私以上にできた

さて、そんなふうに家事に忙しかった30代、40代は過ぎ、50代になった今は子どもたちも大人になり、むやみに洗濯物が増えることもなくなりました。私が食事をつくらなくてもそれほど困る人はいないし、掃除も、毎日頑張る必要もなくなりました。前にも書いたように、私にとっては、家事に費やす時間は少ないほうがありがたいです。ですからもう、家のことはなるべくやらないようにしています。

そうすると、家族の中で、私よりも上手に家事ができる人が出てきました。まず、夕食は夫がつくるようになりました。子どもが小さかった頃は、私のほうが帰宅するのが早かったので、夕食は私がつくっていました。でも今は、夫のほうが帰りが早かったり、在宅勤務をしていたりします。自然に夫がつくるようになりました。多分、夫は、私がつくるよりも自分がつくるほうが美味しいと思っていると思います（実際、夫の料理は美味しいです）。

また、長男が料理好きなので、家に居る日は腕をふるってくれます。イタリアンレストランでアルバイトをしている長男は、パスタやリゾットをつくらせたら、少なくとも我が家の中では一番上手。家にある材料を使って、本格的な味に仕上げます。

食事の後片づけは、3人の子どもたちで相談してやることになっています。最近は、受験が終わって時間に余裕のある大学1年生の次男がやっていることが多いようです。そのほか、家の中が散らかってきたと感じたときは、片づけが得意な娘に頼んで整頓してもらっています。

今、家事の中で私がやるのは、主に掃除と洗濯です。でも、仕事が忙しい日や疲れた日はやらないこともあります。私が洗濯をサボると、着たい服が洗濯されずに、困る人が出ることがあります。そんなときは各自、自分の必要な物だけ選んで洗濯をしています（どうせなら全部やってよ、と思うけれど、それはまあいいことにしています）。こんなふうに、各自が自分のできることをできるときにやる感じで、何とかなっています。

私がやらなければという意識を変えよう

掃除も洗濯も料理も、私自身も家族の一員としてやらなければと思っていますが、妻だからとか、母だからという理由で、私が優先的に取り組まなければならないことではないと思っています。家族がみんな、自分のことは自分でできるようになりましたし、むしろ私よりも上手にできるのです。

女性の家事の時間短縮をするためにも、家族を家庭内で自立させるためにも、まずは妻や母である女性自身が、自分の意識を見直す必要があります。

いつまでも「家事は私の仕事」「私がやってあげなければ」と思っていたら、家族だって家事に参加する機会が持てません。

50代からの女性は、あらためて意識を家の外に向けましょう。できることはたくさんあります。社会の中でやるべきことが必ずあると思います。1日24時間、この時間を何に使っていきますか？若いときと比べて、家事の時間はだいぶ短縮できるはずです。この時間を、これからの新しい挑戦に使っていきましょう。

5　自分の家事へのこだわりを整理する

無理せず、外部サービスの活用も

家事の時間を短縮しようと書きましたが、単に家事をするのをやめようという意味ではありません。自分の家事へのこだわりを整理してみようということです。

前にも書いたように、「料理が大好き」、「部屋の片づけがストレス解消になる」など、自分が楽しめる時間やリラックスできる時間になる人もいます。そうなのであれば、その時間は短縮しないで、大切にしたほうがいいです。

でも、料理が好きな人でも、その他の家事全部が大好きという訳ではないかもしれない。もしそうなら、好きではない家事に関しては、時間短縮や他の人に任せることを検討してみるといいと思います。

家族の中で分担するのが難しい場合は、外部サービスを使うのもいいと思います。私は、子育てが忙しかった時期は、約10年間、家事代行サービスを利用していました。と言っても、当時は今のように手頃な料金で使える家事代行サービスがなかったので、シルバー人材センターに相談をして、家事のできる方に来てもらっていました。これは本当によかったです。

週に2回来てもらって、掃除と洗濯をやってもらっていました。家がきれいになったこともよかったですが、何よりも私の精神的にとてもよかったです。苦手な家事は外部サービスに任せることができたので自分でやるストレスがなくなったし、子どもたちと一緒に楽しく過ごす時間を確保することができました。また、おかげで仕事にも集中できたと思います。家事を外部委託して、本当によかったと思っています。まさに、お金に代えられない、プライスレスな価値ある時間の使い方でした。

子育てが落ち着いた50代以降は、夫や子どもたちに家事を分担してもらうことが可能になります。と言っても、家庭ごとに事情は異なりますので、難しいときには無理をせずに、外部サービスを活用するのはおすすめです。我が家も、今後、家族だけではこなしきれなくなったときには、再度、外部サービスの利用を検討するかもしれないと思っています。

便利な家電製品を導入する

もう1つ、家事の時間短縮には、便利な家電製品を導入することも検討しましょう。特に食器洗い機はおすすめです。我が家では、これがあるので、子どもたちも食後の片づけを嫌がらずにやります。大型のビルトインタイプ（卓上ではなく、キッチンに組み込んでいます）なので、お鍋もフライパンも入っちゃいます。とてもいいです。

また、我が家では導入していませんが、自動掃除機もとてもいいらしいですね。使っている人の話を聞くと、ほぼ全員が絶賛していますので、きっとよいのだと思います。我が家ではなぜ自動掃除機使っていないかと言うと、家が3階建てなので階段が多いためです。その代わりに、我が家ではコードレス掃除機のスタンドタイプを3台買って、各階に置いています。すぐに手に取れれば、やる気になったときにすぐに掃除ができますので便利です。

家電製品ではありませんが、ネットスーパーも便利ですね。自分で買い物に行く時間がはぶけますし、余計なものを買わなくなります。ぜひ試してみてください。

忙しいときは時間で目標設定をする

家事の話の最後に、その日の家事の目標の立て方について書いておきたいと思います。忙しい日に掃除をするときは、私は「エリア」ではなく「時間」を決めて掃除をします。

例えば、「リビングを掃除しよう」とエリアを指定してしまうと、リビングがある程度きれいになるまでは完了になりませんね。あまり時間をかけられないときなどは、途中で終了してしまうことになり、中途半端な気持ちになってしまいます。

そういうときは最初から時間を決めてやります。「今から10分間だけ掃除をしよう」と決めれば、10分やったら目標達成、１００％完了ですので中途半端感はありません。家事はどこまでやっても完璧にはなりません。だから、自分で区切り目を決めておかないと、いつまでたっても1日が家事だけで終わってしまう日々が続いてしまいます。

ここで紹介したのは、私の家事の考え方やり方です。とてもいい！　と感じた人はぜひ真似してください。でも、「私はこれには納得感がないわ」と感じた人もきっといるでしょう。それでいいのです。時間の使い方や、家事への取り組み方は、人それぞれ、みんな違うのです。自分の考え方やり方を考えてください。大切なのは自分が納得することです。

私が伝えたいことは、①家事が自分の楽しみの時間なのであれば大切にすること、②でも自分（女性、妻、母）がやらなければならない仕事と思い込まないこと、③若い頃とは家事のやるべき内容や量が変わってきているので家事にかけるべき時間も変わってきていること、④家事を時間短縮できれば新しいことの挑戦に使える時間が生まれること、以上の４つです。

６　ワーク・ライフ・インテグレーションという考え方

若い頃に重要なワーク・ライフ・バランスの考え方

「ワーク・ライフ・バランス（以下、ＷＬＢ）」という言葉を聞いたことがあるでしょうか。今（２０２０年）から10年くらい前から使われ始めた言葉です。ここでいうワークとは、基本的に会社などで働く人たちの仕事を指しています。働き過ぎによる過労死や自殺、うつ病などの精神疾患が問題となり、仕事と生活のバランスを取りましょうという呼びかけとして、使われるようになった言葉です。日本語では「仕事と生活の調和」と言います。

これと似ている言葉で、ワーク・ライフ・インテグレーションという言葉があります。この言葉は、あまり馴染みがないかもしれません。インテグレーションは日本語では統合。つまり「仕事と生活の統合」という言葉です。50代からのキャリアの考え方は、後者のワーク・ライフ・インテグレーションを意識するとよいと思います。

ＷＬＢの考え方は、「仕事」と「生活」は別のものであるという前提です。その上で、仕事ばかりではなく、プライベートの時間（生活時間）も大切にして、バランスのよい時間配分を考えましょうというものです。

ワーク：8時間勤務＋2時間残業＋2時間通勤＝12時間
ライフ：5時間家庭や余暇の時間＋7時間睡眠時間＝12時間
これは単純計算した過ごし方の例ですが、バランスが取れた過ごし方であると言えるでしょう。

生きがい就労ではワーク・ライフ・インテグレーションを目指す

これに対し、ワーク・ライフ・インテグレーションでは、ワーク時間とライフ時間は統合されます。そのため、この時間はワークなのかライフなのか、時間的な区切りは意味がありません。「ワークでありライフでもある」、「ワークとも言えるしライフとも言える」という状態です。わかりやすく言うと、趣味を仕事にしているような状態と言ってもいいでしょう。

逆に表現すると、「仕事が趣味になる」、「仕事をしている時間が、自分が楽しめる時間」となるということです。

これは第2章で紹介した「生きがい就労」の考え方と同じです。若いときは生活を立てるための就労ですので、楽しいかどうかというよりも、必要なお金を稼ぐことが重視されます。20代～40代は生計就労ですので、基本的にワーク時間はお金を稼ぐ時間です。ライフ時間とは別の物ですから、ワークばかりに偏り過ぎないよう、WLBの考え方は、この年代に対してはとても重要です。

一方、50代以降の「生きがい就労」においては、生きがいのための仕事にしていくことが目標です。働いている時間は、お金を稼ぐ仕事時間でもあるし、自分が生きがいや楽しさを感じることができる自分の時間でもある。

つまり、ワークとライフは同じ時間内に同時に存在するようになる、統合された状態を目指していくという考え方です。50代以降は、ワークとライフの両方ともが、自分の時間と感じられるようになると、毎日がよい時間になりますね。

ワーク時間とライフ時間は統合されて、分けることができなくなる

私の場合、47歳で会社員を辞めてフリーランスになりましたが、そのときに目指した働き方が、ワーク・ライフ・インテグレーションです。これは幸いなことに、実現できたと感じています。

私は「働く人々のキャリア支援業務」を仕事として活動していますが、もともと私自身が、キャリアとは何か、とか、キャリアを形成していくために必要な知識とは何か、といったことにとても興味があります。

ですから、これらのテーマに関する本を買って読んだり、勉強会に参加したりすることは、仕事でもあり自分の興味を満たすためでもあります。今、本書を執筆している時間だって、仕事と言えば仕事だけれど、自分が書きたいから書いている側面も大きいです。ですから私の場合、１日の時間をワーク時間とライフ時間に分けることはできません。活動している時間のほとんどが、ワークでありライフでもあります。研修に登壇しているときでも、受講者の方々と一緒に未来のキャリア設計を考える時間は、ワクワクして楽しい時間だと感じています。

会社員もワーク・ライフ・インテグレーションは実現できる

先ほど私は「活動している時間のほとんどが、ワークでもありライフでもある」と書きました。

これを読んだ人は、「それはフリーランスだから実現できているのでしょ」と思ったかもしれません。

たしかに、フリーランスは自分のやりがいを優先することが可能なので、ワーク・ライフ・インテグレーションを実現しやすいと思います。でも、会社員など組織で働く働き方の中でも、実現は十分可能です。

例えば、役職定年や再雇用で、かつての役職をはずれて、若手社員と一緒に働く立場になったら、ここからは何を目指して仕事をしていきますか？　自分がこれまで培ってきた経験やスキルを後進に伝えていくことに、役割や使命を感じて取り組むことができたら、とてもやりがいのある、ワクワクする時間になると思います。

または、職場で若手中堅社員の相談役になることもできると思います。私は自分が会社員だったころ、職場にシルバー人材センターから来ていた60代の男性がいました。私が上司と上手くいかなくて困ったり、部下指導が上手くできなくて悩んだりしたときには、よく相談に乗っていただきました。本当にとても助かりました。

もしその男性が、現役で働いている人の相談に乗ることにやりがいを感じてくれていたら、きっとその方にとっても、よい時間だったに違いないと思います。

第7章　やっぱり気になる、介護のこと、お金のこと

1　約8割の人が介護に不安を感じている

自分では計画できないことへの不安

50代になると、子育てをしていた人も子どもが大きくなり、徐々に自分の時間がつくれるようになってきます。一方で、親の介護が心配だと感じる人が増えていきます。

私は多くの人たちのキャリア相談を受けたり、これからの生き方を考えるセミナーに登壇したりしている中で、50代女性はほぼ全員が、親の介護に関して何らかの不安を持っていると感じています。

介護の不安というのは、子育ての不安とまた違うところがありますね。子育てというのは自分の意思で子どもを産みますし、だいたいいつ頃からスタートするかがわかっています。そして何年後には幼稚園に行きはじめて、何歳からは学校に通いはじめるという未来の予測がつきます。子育てにも不安はありますけれども、予測できる不安ですね。

それに対して介護の不安というのは、いつ始まるのかわからないし、どんな介護になるのか、いつまで続くのか、お金はどのくらいかかるのか、わからないことが多いです。また実際に自分がどのくらい直接的に関わる必要があるかも気になります。予測がつかないし、自分の意思ではコントロールできないことが多そうなので、不安になるのだろうと思います。計画することができないゆえの不安です。

自分の挑戦にブレーキをかけない

介護のように何となく不安に感じることがあると、これから何かを新しく始めようとか、挑戦してみようとか、そういう気持ちにブレーキがかかってしまいがちです。そうなってしまってはもったいないので、介護について書いておこうと思います。

この「介護」という言葉の印象はとても重いですね。まだ介護に関わっていない人にとって、「介護をする人の姿」というと、自分の力では何もできないお年寄りの世話を、何から何までやってあげるイメージではないでしょうか。

特に女性の場合は「娘」や「嫁」の立場で、自分がやらなければならないプレッシャーを感じている人もいるかもしれません。誰の助けも得られない中で、24時間介護にかかりっきりになってしまう自分の姿を想像してしまいがちです。

でも、実際には、介護とはそういうことではありません。そのことを、この後説明していきたいと思います。

自分のやりたいことと介護を両立させていく

「自分の親の介護を、ぜひ自分がやりたい」と積極的に考えている女性も中にはいます。大好きなお父さん・お母さんに助けが必要になったときは、自分が助けてあげたい。他人になんて任せたくないと感じている人です。

自分でやりたいと思う人は、もちろんやっていいと思います。自分の人生後半に取り組みたいことの1つが親の介護だと、自分から積極的に思っている人は、ぜひやったらいいと思います。

でも、多くの女性たちが、この後の自分の人生が、親の介護中心になってしまうのは残念だと感じています。私もそうです。親の介護があったとしても、そのために自分のやりたいことを諦めるのは嫌だと思っています。

親にも安心して暮らしてほしい、でも自分のやりたいことも続けていきたい。自分の人生の充実と介護は、どちらを取るかではなく、どちらもやっていくことができると思います。両立させていきましょう。

2　自分の思い込みを見直す

親世代と子世代の思いのギャップ

自分の親、または配偶者の親の介護が必要になったとき、親たちは私たち子ども世代に何をしてほしいと期待しているでしょうか？

アクサ生命が2019年に実施した意識調査のグラフを見てください。図表5は40代・50代の子世代で、親の介護経験がない人に、自分の親が要介護状態になったら、誰が介護するのがよいと思うかを聞いた結果です。「自分（自分自身）」（57・2％）が最も高いという結果が出ています。多

【図表５　40代50代で親の介護経験がない人へのアンケート結果】

◆自分の親が要介護状態になったら、誰が介護するのがよいと思うか ［複数回答形式］
対象：40代・50代で、親の介護経験がない人

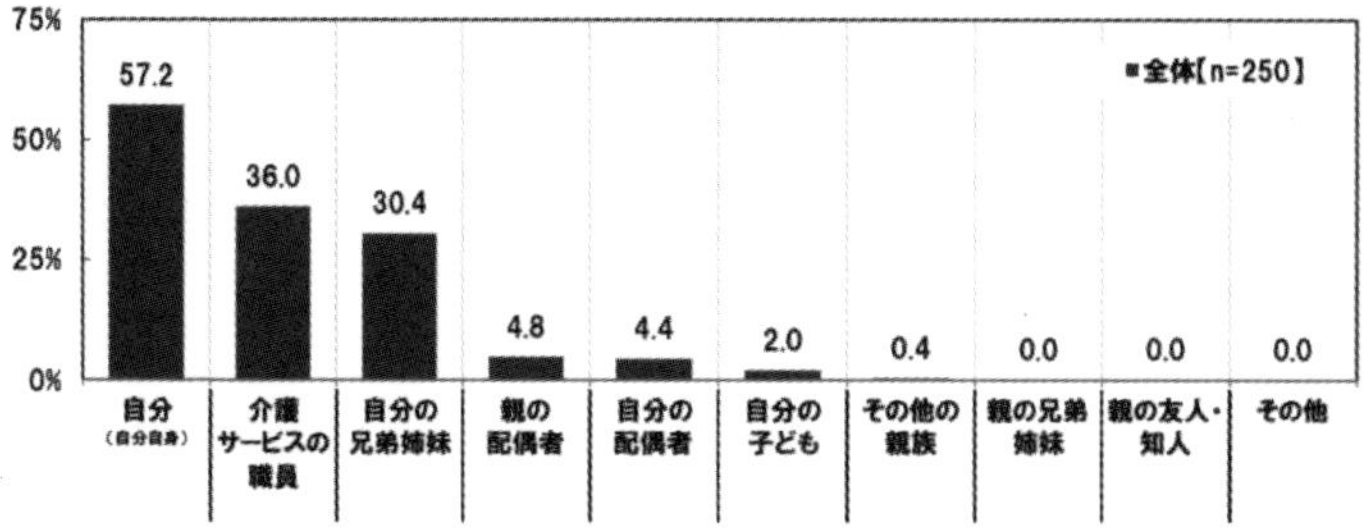

【図表６　60代70代へのアンケート結果】

◆自身が要介護状態になったら、誰に介護してほしいと思うか ［複数回答形式］
対象：60代・70代

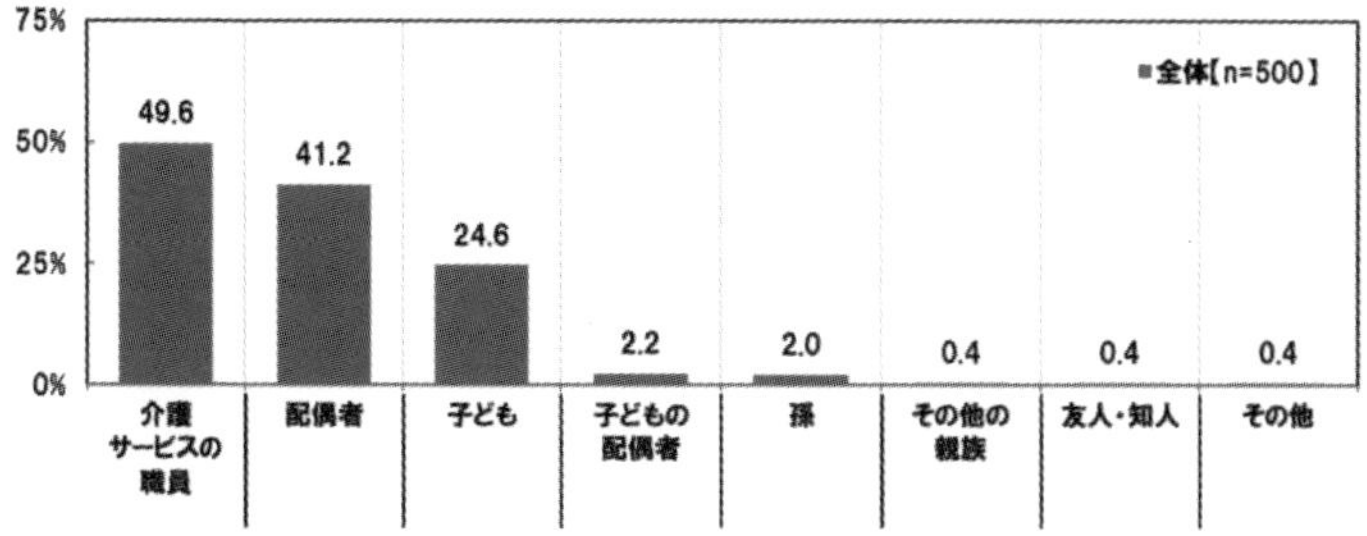

出典：アクサ生命株式会社『介護に関する親と子の意識調査2019』

くの人が、子どもである自分が介護をするべきだと感じていることがわかります。

では、介護を受ける側の親はどのように感じているでしょうか。図表6は、60代・70代の親世代に、自身が要介護状態になったら、誰に介護してほしいと思うか聞いた結果です。「介護サービスの職員」（49・6％）が最も高く、約半数の親たちが回答しています。「子ども」と答えたのは24・6％。子どもの配偶者に介護をしてほしいと望んでいる親は2・2％です。

「私は嫁として介護をすることを期待されているのでは」と思っていた女性が見ると、少々拍子抜けするくらいの結果ですね。

親世代はプロの介護サービスを望んでいる

この親世代の人たちの回答が、本音かどうかはわかりません。子どもたちに大変な思いをさせたくないという遠慮が、ある程度含まれているだろうと感じる人もいるのではないでしょうか。私も、親世代が遠慮がちに回答しているのかもしれないと感じています。

でも、そうだとしても、それは子どもたち世代に、自分のやりたいことをやっていい人生を送ってほしいという願いを込めてのことだと思います。50代からの、人生の中でも最も自由に行動できる時間を、介護に費やして終わりにしてほしくないという親からのメッセージだと感じます。

また、介護を経験した親の中には、親子間での介護の難しさを実感していて、プロの介護サービスのほうがいいと感じている人も少なからずいるのではないでしょうか。

【図表7　60代70代で子どもに介護してほしい人へのアンケート結果】

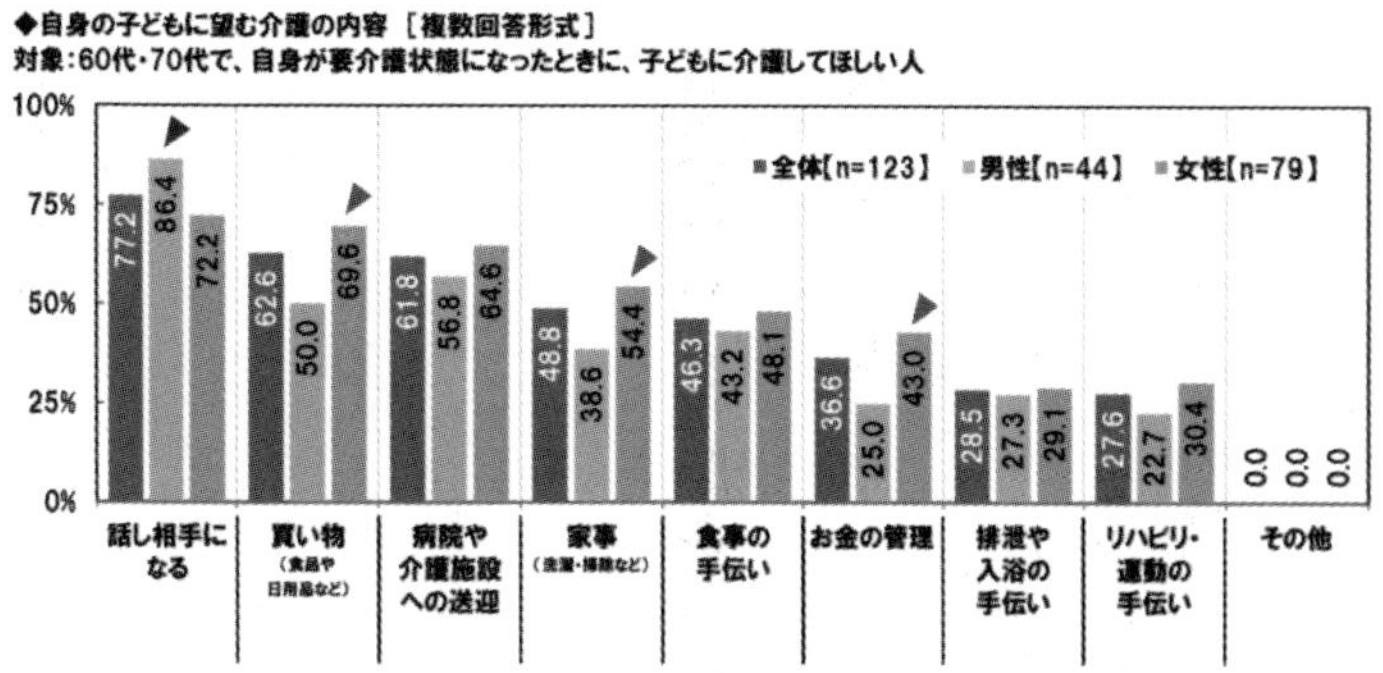

引用：アクサ生命株式会社『介護に関する親と子の意識調査2019』

親が子に望むのは話し相手などの生活支援

もう1つ、調査結果をご紹介します。先ほどの親世代への「自身が要介護状態になったら、誰に介護してほしいと思うか」の中で、子どもと回答した人に対して、自身の子どもに望む介護の内容を聞いたものです。

親が子どもに望んでいる介護は、「話し相手になる」「買い物」「病院や介護施設への送迎」などと続きます。私たち子ども世代が想像している介護と、親が子どもにやってほしいと思っていることとには、ギャップがあると感じませんか。

この調査結果がすべてではありませんが、それでも、多くの親世代の人たちが子どもよりも介護サービスの職員から介護を受けたいと答えています。また、子どもに介護をしてほしいと答えた人も、やってほしいことは、「話し相手」とか「買い物や送迎」という日常生活の手助けです。私たち子ども世代は、来るべき介護に向けて、そんなに身構える必要はないのではないかと思います。

私がやらなければ、という思い込みを捨てる

50代の女性たちの多くが、親の介護を担うことへの不安を感じているのは、かなりの部分が「自分の一方的な思い込み」であると言えるのではないでしょうか。

親が自立した生活が難しい状態になったときのことは、「私が24時間つきっきりで何もかもやらなければいけない」と言う思い込みを捨てましょう。

大切なことは、親が安心して快適に過ごすために必要なものやサービスを一緒に探してあげることだと思います。

3　介護は社会保険をフル活用するとき

生活支援と身体介護

介護について、前提として理解しておかなければならないことがいくつかあります。前提の1つ目は、介護とは生活全般の支援であって、身体介護のみではないということです。身体介護とは、食事や入浴、排泄、着替えなどの介護であり、身体に直接触れて行う介護のことです。

私たちは介護というと身体介護を思い浮かべますが、前の項目でも紹介したように、高齢の親が生活をしていく中では、話し相手がほしかったり、買い物や家事を手伝ってもらう必要があったりします。介護とは、そういう生活全般の支援を指していることを、まず前提として理解してください。

前提の２つ目は、身体介護には専門的な知識や技術が必要であるということです。家族は介護のプロではありません。親の身体介護が必要となったときは、介護サービスを活用してプロに任せるか、または、自分で身体介護をしたいと考える人は、知識と技術をつけてから実施する必要があります。

前提の３つ目は、日本には様々な社会保障制度があり、特別な事情がないかぎり全員が保険料を払って加入しているということです。保険ですから、病気になったり、介護を受けたりするときにはお金がもらえます。

ここでいう社会保険とは、具体的には公的医療保険（健康保険）や介護保険などです。これらの保険は、受け取ることのできる金額は人によっても、要介護度によっても異なりますが、介護が必要になったときには大変助けになる社会保険制度です。日本にはこのような制度があり、全員が被保険者として保険金を受け取る権利を持っているのです。

介護保険は現物支給

介護保険は、医療保険と同じく「現物支給」と言われる支給方法です。現物支給とはどういう意味かと言うと、例えば医療保険で考えてみましょう。病気をして医者にかかったり薬を処方されたりすると、費用がかかりますが、自己負担は３割で、あとの７割は加入している健康保険から支払われますね。この場合、かかった医療費の７割が現物支給されたということです。

病気になった際に、医者にいかずに医療費がかからなかった場合は、健康保険から現金がもらえる訳ではありません。あくまでも、かかった費用に対して、決められた割合の費用を出してもらえるというしくみです。これを現物支給といいます。

介護保険も現物支給です。要介護の人が必要な介護サービスを利用した際に、かかった費用に対して一定の割合で費用を負担してもらえます。これにより、必要と認められた範囲内の介護サービスの自己負担は1〜3割となります。

ここまで書けばもうおわかりと思いますが、親の介護が必要になったときに、何のサービスも使わずに自分ひとりで介護をしていると、どこからもお金はもらえません。介護のときは、必要な介護サービスを利用して、費用を介護保険から出してもらいましょう。そのために若いときに保険料を支払ってきているのです。有効に使いましょう。

公的社会保険制度をフルに活用する

また、一定の年齢に達すると年金保険から年金の支給がスタートして、一生受取り続けることができます。年金は、現物支給ではなく「現金支給」ですから、これまでの支払状況に応じて、必ず現金で受け取ることができます。高齢になって、働いて収入を得ることができなくなっても年金が受給できれば、生活費としても介護費用としてもとても助かります。介護は、公的な社会保険制度をフル活用する機会なのです。

4　介護は「人に任せる」マネジメント

愛情を込めて介護のプロに任せる

介護保険が適用される介護サービスは様々あります。自宅で介護をする場合は、介護サービスの職員が自宅に訪問をして介護をしてくれたり、入浴の介助やリハビリをしたりしてくれたりします。また、日中だけ施設で過ごすデイサービス、デイケアや、何日か連続で宿泊できるショートステイなど、他にも多くのサービスがあります。

在宅での生活が難しくなった場合は、介護付きの老人ホームもあります。費用面では公的サービスのほうが利用しやすいですが、民間のサービスもたくさんあります。サービス内容も料金も、施設によって色々なので、よく調べて選ぶことが大切です。

これらはみな、介護のプロが仕事として責任を持ってやってくれるものです。親の介護が必要になったときに、子どもである私たちがするべきことは何であるか、考えてみましょう。

親の介護のために、親にとって必要なサービスを探してあげて、使えるお金の範囲内でできるだけ良質なサービスを選んで受けられるように手配してあげることは、家族にできる重要な介護の１つです。介護のプロに任せることは、愛情と責任のある立派な介護であるということを、忘れずにいましょう。

介護はチームで行う、司令塔になる

1人の要介護者を介護するために必要な介護サービスは1つではありません。そして、関わる専門家も複数いる場合が多いです。

例えば、自分が要介護の親と同居をしている場合、関わる可能性のある業者や専門家は、次のようにたくさんいます。

・訪問介護サービス会社
・平日のデイサービス会社
・休日や夜間に預かってくれるサービス会社
・訪問看護の看護士
・ケアマネージャー　など

また、家族の中でも、自分以外にも介護に関わる人がいれば、関係者はさらに増えますね。介護は1つのプロジェクトであると言えます。プロジェクトチームを組んで、それぞれが自分の役割をこなしていくことで、全体としてよい介護ができ上がっていきます。

これにはプロジェクト全体のマネジメントをする人が必要です。司令塔といってもいいし、まとめ役と考えてもいいでしょう。子どもとして親の介護に関わるときに必要なのは、介護全体が上手くいくようにマネジメントすることです。

地域包括支援センターにいろいろ相談

「そもそもどのようなサービスがあるのかよく知らない」
「社会保障制度も詳しくないからお金のこともよくわからない」

マネジメントすると言っても、このような悩みを抱える人が多いかもしれません。いざ介護が始まったときに困らないように、事前にある程度知識を得ておくと安心です。

高齢者や介護に関しての相談窓口で代表的なのが、地域包括支援センターです。これは、各地域にあり、電話対応もしてくれます。介護サービスやお金のことだけでなく、例えば次のような相談も受けつけています。

・今はまだ元気だが、高齢なので何となく心配
・親がもしかしたら認知症かも？　誰かに相談したい
・介護をしていてストレスがたまってつらい

介護の体制や利用していく介護サービスについて、そして、必要な費用についてなど、地域包括支援センターでは様々な相談に対応してくれます。介護が始まる前も、介護中も、いつでも何でも相談できる窓口として、覚えておくとよいでしょう。

また、地域包括支援センターの役割の１つに、高齢者の「権利擁護」があります。つまり、高齢者を詐欺や虐待から守る役割です。最近では高齢者を狙った悪徳商法や詐欺事件が増えています。親族が離れて暮らしている場合などで、心配があるときも相談することができます。

5　介護にかかるお金の話

保険の対象でも1～3割は自己負担

介護にかかる費用には公的な社会保険を活用しましょう。特に介護保険は、利用した介護サービスにかかった費用の7～9割を負担してもらえます。医療サービスには医療保険を、介護サービスには介護保険を、上手に活用していきましょう。

ただし、公的社会保険があるからといって、自己負担金が全く必要ないかというと、そういう訳にはいきません。

医療保険も介護保険も、自己負担金が1～3割発生します。また、介護保険は、要介護度によって保険を利用できる限度額が決まっています。この限度額を超えた費用は、全額自己負担となります。そのため、ケアマネージャーとよく相談をしながら、受けたいサービスと費用を決めていく必要があります。

さらに介護保険には、対象となる介護サービスの中でも実費負担のものがあります。例えば、デイサービスは介護保険の対象だけれども、その中で提供される食事やレクリエーション活動費などは実費負担です。

公的介護サービスは要介護度の指定がありますので、要介護度の条件が合わないサービスは利用

【図表８　要介護者が介護を受ける期間】

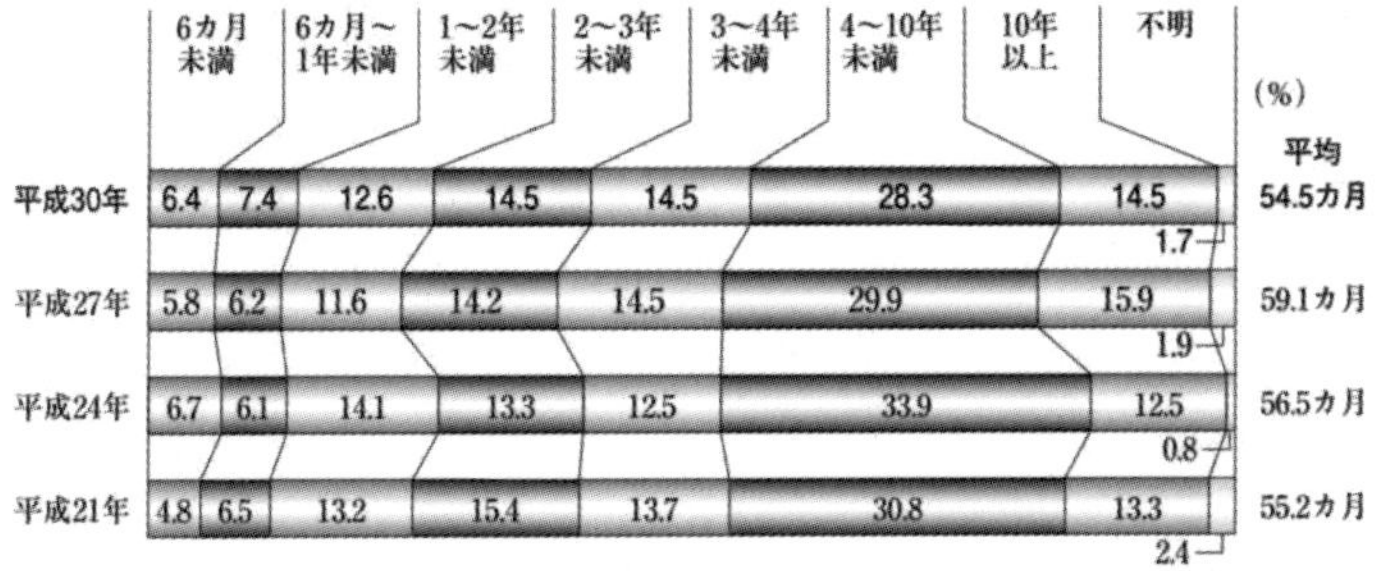

出典：平成30年度　生命保険文化センター「生命保険に関する全国実態調査」

ができません。また、定員もありますので、条件に合っていても、定員に空きがなくて利用ができないこともあります。公的介護サービスの利用ができない場合は、民間のサービスを検討することになりますが、費用はどうしても高くなります。

介護には、結局いくらかかる？

では、結局のところ、介護にはどのくらいのお金が必要なのでしょうか？

介護にかかる費用は、要介護の状態、介護を受ける場所や住宅環境などによって様々ですが、介護費用の自己負担の平均額は月7・8万円、介護期間の平均は要介護者1人につき4年7か月（54・5か月）だそうです（平成30年度 生命保険文化センター「生命保険に関する全国実態調査」より）。

介護費用の平均総額は、「月額の平均額7・8万円」と「平均期間54・5か月」のかけ算ですから、約425万1000円ということになります。

介護期間については、図表8のグラフを見てください。平均は4年7か月ではありますが、もっとも多いのが4年〜10年未満。10年以上も約15％いますので、長くなる場合も想定しておいたほうがいいでしょう。

1か月あたりの介護費用は、平均7・8万円と書きましたが、これも、あくまでも平均です。在宅介護なのか老人ホームなどに入居をするのかによって費用は大きく変わります。

施設に入居する場合も、公的施設なのか民間施設なのかによっても、だいぶ違います。

色々な情報を見ると、自己負担費用は概ね次のような金額になるようです。

【主なケースの介護費用（月額）】

・在宅介護の場合の介護費用　月額約4・4万円
・公的な介護付き施設に入居した場合の費用　月額5万円〜18万円
・民間の介護付き施設に入居した場合の費用　月額20万円〜50万円

これらの費用は、あくまでも介護にかかる費用です。これに、通常の生活費（食費・光熱費・医療費など）が別途かかることになります。

また、介護が始まる際にかかる一時費用（住宅改造や介護用ベッドの購入など一時的にかかった費用）として、平均で69万円かかります（平成30年度 生命保険文化センター「生命保険に関する全国実態調査」より）。

将来の安心のために、お金は大切

この介護費用や、要介護状態になってからの生活費は誰が負担するか？　要介護となった本人（親）が出すか？　または、私たち子ども世代が負担するのか？　これは家庭の事情によって異なりますが、いくつかの介護に関する専門書には、可能なかぎり介護を受ける本人（親）のお金を使うようにするとよいと書かれています。親の資産管理も、介護の重要課題の1つと言えるでしょう。

また私たち50代の世代も、いずれ自分が要介護になったときのことを考えて、自分が介護を受けるための費用を用意しておく必要があります。親の介護費用の心配もありますが、自分自身の将来の安心のためにも、お金は大切ですね。

6　仕事と介護の両立、育児介護休業法について

介護が始まっても働き続けることの重要性

介護とは、必ずしも自分が多くの時間を割いて、身体介護をすることではないこと、各種介護サービスや専門家を活用するためにマネジメントが重要であること、社会保険を上手に活用すること、自己負担金もそれなりに必要であることなどを説明してきました。

親の介護はほとんどの人たちが、一度は経験することです。両親がいれば2回、配偶者の両親もいれば4回、何らかの介護の関わりが必要になると思います。期間も長いし、お金もかかります。

私たち50代の子ども世代は、これから介護が始まっても、自分の仕事を辞めることなくなく両立していく必要があるでしょう。自分自身のため、そして、いざ介護や病気などで予定外の費用が必要になったときのためにも、仕事を続けて収入を得続けていくことはとても大切です。

「やっぱりフルタイムは無理」

「正社員はやめてほうがいいのでは」

「無理せず続けて行かれる程度の軽い仕事にしておいたほうがいいかも」

両立すると言われると、このように考えてしまいがちです。でも、それでは、このあとまだ40年から50年続く人生に対して、十分な挑戦ができなくなってしまいます。それはやはりもったいないです。

仕事は、自分が納得のいく内容を納得のいくまで取り組めてこそ、達成感があるのです。未来の介護のために、自分のやりがいや納得感を諦めてはいけないと思うのです。介護の心配をしすぎて、自分の挑戦にブレーキをかけないでほしいと思っています。

介護休業と介護休暇

ここで、育児介護休業法という、仕事と介護の両立のための法律について説明します。ざっくり言えば、介護が必要になった人が、必要なときに休みをとったり残業が免除されたりする法律です。特に重要となる、介護休業と介護休暇の概要を次にまとめます。

【介護休業】

・概要

負傷や疾病、身体もしくは精神上の障害などの理由から、2週間以上の期間に常時介護が必要な対象家族を介護するための休業。介護の始期、終期、その間の期間にそれぞれ対応するという観点から、対象家族1人につき通算93日まで、3回を上限として分割取得が可能。

・介護休業の対象労働者

要介護状態にある対象家族を介護する男女の労働者。同一の事業主に引き続き1年以上雇用されていること、介護休業取得予定日から起算して93日後から6か月後までの間に契約（更新の場合は更新後の契約）の期間が満了することが明らかでないことのいずれかに該当する者。

【介護休暇】

・概要

病気や怪我、高齢といった理由で要介護状態になった両親や身内などの家族を介護・世話をする労働者に対して、与えられる休暇。年間最大5日間、介護対象が2人以上の場合は10日間取得でき、有給休暇とは別の休暇として定められている。

・介護休暇の対象労働者

要介護状態にある対象家族を介護する男女の労働者。雇用期間が6か月以上の全従業員（正社員をはじめ、パート・アルバイト、派遣社員・契約社員も対象）

これらのお休みは、正社員はもちろん、非正規社員やパートタイム勤務でも取得が可能です。ただし、働き始めてからまだ1年経っていないとか、近いうちに辞める予定があるなどの場合は適用されないことがあります。実際に休業・休暇の取得を検討する場合は、自分が条件に該当するかどうかを確認してください。

育児介護休業法では、介護休業や介護休暇の他にも、残業の免除や短時間勤務などの配慮をするように求めています。これは国の法律ですので、職場内に介護に関する規則などがなくても、企業には対応する義務があります。働く時間への配慮が必要になった際は、職場に相談をしてみましょう。

その際、「法律で義務づけられているのだから対応するのが当然だ」という言い方ではなくて、「今後もこの職場で働き続けたいので、介護中の配慮を検討してほしい」と申し出るといいでしょう。

仕事と介護の両立には自己開示が大切

職場に配慮を求める際は、自己開示をすることも大切です。介護中の人の中には、自分が介護をしていることや、要介護者の状況などを人に話したくないと感じる人もいます。

しかし、周囲から配慮や支援を受けるためには、自分が何に困っているのか、なぜ困っているのか、具体的にどのような配慮（休み、短時間勤務など）が必要なのかを理解してもらう必要があります。

自己開示は、介護に限らず、育児と仕事を両立しようとするときや、病気や家庭の事情などで働き方に配慮をしてほしいときも同じです。自分の状況をきちんと伝えて、必要な期間に必要な支援を申し出ましょう。

7　介護休業の上手な使い方と参考情報

いつ介護休業を使うのか

介護休業は通算で93日、３分割まで可能と書きました。この休業は、介護期間中にいつでも取得が可能で、取得日数も93日以内であれば、自分で決めることができるので、使い勝手のよい制度です。上手に使いましょう。

介護は急に始まることが多いです。その際、慌てて介護休業を取って、身体介護を含め介護に専念してしまう人がいますが、これはおすすめできません。介護が始まるときに、最初にやらなければならないことは、介護の体制をつくること。まずは地域包括支援センターに相談に行ったり、必要な介護用品を買いそろえたり、必要に応じて自宅のリフォーム（手すりを付けるなど）をしたり、介護サービス業者の選定をしたり、そういう介護体制を整えることを考えます。そのためには、何日間か仕事を休む必要があるでしょう。そのときに使えるのが介護休業です。

例えば、介護体制を整えるために、10日間必要だとしましょう。このとき介護休業の１回目をとってもいいのですが、もしも年休がたくさん残っているのであれば、年休を使ってもよいのです。介護休業は、この先何年も続くかもしれない介護期間中に、本当に長期で休む必要性がでるまで取っておくといいでしょう。

介護は初動が大事だと言われています。つまり、出だしでよい体制がつくれるかどうかがとても大切です。93日間休めるからと言って、無計画に休んでしまい、自分ひとりで介護に専念をしてしまうと、介護休業期間が終わったときに、仕事に戻ってくることができなくなってしまいます。

自分がどの程度、直接的に介護に関わるにしても、重要なのは、自分がいなくても何とかなる体制にしておくことです。

×やらないほうがいいこと

「自分がいないとどうにもならない状態にしてしまうこと」

○やるべきこと

「自分がいなくても何とかなる体制をつくること」

介護の初動が大事な理由

なぜ介護の初動の話を説明しているかというと、ここを上手く乗り切ることができると、この後の介護期間中も仕事と介護の両立がスムーズにいくからです。

「最初の1年が一番大変で、一番大切」

介護経験者の人たちから、このような言葉をよく聞きます。色々な予期せぬことが起こり、慣れない介護が始まり、パニックになったり、ストレスがたまってしまったりする人もいます。ひとりで抱え込まずに、自分がいなくてもどうにでもなるように、マネジメントをしましょう。望まぬ介護離職は、自分だけでなく、介護を受ける人にとってもよい結果になりません。

介護は誰にでもやってくる経験です。その心構えをしつつ、まずは自分の人生を大切に築いていくことが大切です。

最後に、参考になる図書や、インターネットのサイトをご紹介します。事前の準備や、介護が始まってからの情報収集などにお役立てください。

参考になる書籍

■『介護離職しない、させない』
和氣美枝（著）毎日新聞出版
一般社団法人介護離職防止対策促進機構　代表理事　和氣美枝さんの著書

■『親が認知症!?離れて暮らす親の介護・見守り・お金のこと』
工藤 広伸（著）翔泳社
遠距離の親の介護に関するノウハウが載っています

■『親が倒れた！ 親の入院・介護ですぐやること・考えること・お金のこと 第2版』
太田 差惠子（著）翔泳社

ＦＰ（ファイナンシャル・プランナー資格）も持っている著者が、お金について解説

インターネット上の参考サイト（いずれも、２０２０年９月時点）

■『厚生労働省　介護サービス情報公表システム』
https://www.kaigokensaku.mhlw.go.jp/
介護保険や公的な介護サービスについて解説しています。また、地域ごとのサービス検索や、介護サービス概算料金のシミュレーションもできます。

■民間の老人ホーム検索サイト
みんなの介護
https://www.minnanokaigo.com/
介護のほんね
https://www.kaigonohonne.com/

第8章

50代からのキャリアの見つけ方、未来の設計図を描こう

1　コロナ後の新世界をしなやかに生きる

世の中の変化を、自分のよい転機にする

世界中の多くの人たちにとって、今年（２０２０年）のコロナ禍は青天の霹靂（へきれき）でした。こんなことが起こるとは、全く想像していませんでしたね。これからも、こんなふうにビックリするようなことが、色々と起こるのだろうと思います。世界規模かもしれないし、日本の問題かもしれないし、自分のごく個人的な出来事かもしれません。

世の中はどんどん変化していきます。その変化を、プラスにするかマイナスにするかは、ある程度は自分次第であると思うのです。起こってしまったことは自分の力ではどうにもできないけれど、それを自分にとってどのような転機にするのか。私たちは常に新しい感覚を取り入れながら、変化に対応して進化していかなければなりません。

これから、あと40年~50年は生きていく中で、大変なこともあるでしょう。でも、いいことや楽しいこともたくさんあるはずです。正確には、いいことや楽しいことを、自分でつくったり、引き寄せたりしていかなければいけません。この章では、50代以降の女性が今後の自分の人生をデザインしていく考え方を、いくつかの切り口から紹介していきます。自分にあった切り口を見つけて、未来を設計してください。

2　世の中のニーズから考える

シニア人材が求められている業種とは

50代からのセカンドキャリアの見つけ方、まずは世の中のニーズから考えてみましょう。世の中でどのような職種でシニア人材が必要とされているのかを考えます。

マイナビ社が２０１９年5月に行った調査によると、65歳以上の人材の採用を行っている業界は、図表9のようになっています（コロナ禍の前の情報なので、現在とは異なる業界もあるかもしれません）。

この中で、50代以降の女性が採用されやすいと思われる業種を挙げてみると、最も求められているのは「介護84・5％」だと思います。高齢者が増え続ける中、介護サービスも増加の一途ですが、そのサービスを担う介護のプロの人数が足りていません。資格がなくても始めることができ、仕事に従事しながら様々な資格を取得してキャリアアップをしていくことが可能な業界です。実は私の母は介護業界で働いていています。母は50歳くらいのときに「これからは介護の時代よ」と言って介護業界で働き始め、79歳になった今でも、ケアマネージャーとして働いていています。

コンビニやスーパーなどでの「販売・接客74・3％」もニーズが高いです。この職業は、比較的自宅の近所で仕事を見つけやすいというメリットがありますね。

【図表９　非正規雇用で65歳以上のシニア人材を採用していますか】

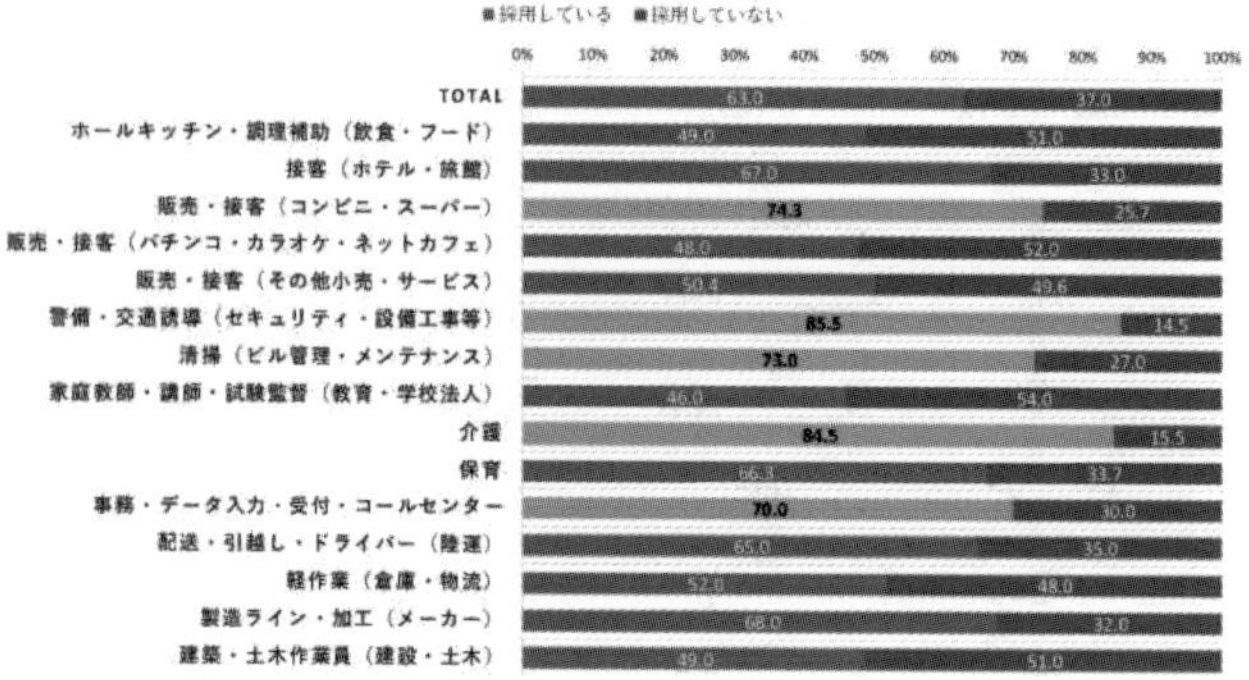

出典：シニア採用に関する業種別企業調査（マイナビ調べ）

教育や保育など人材育成に携わる

「家庭教師・講師・試験監督46・0％」は、数値としては他の業種と比べて高いほうとは言えませんが、セカンドキャリアで教育に関わりたいと考えている人には選択肢の1つと考えていいと思います。

子育てがひと段落した主婦が幼児教育の先生になったり、企業を定年退職や早期退職した人が研修講師になったりする事例はたくさんあります。

「保育66・3％」も高いですね。これも、資格がなくても保育アシスタントなどの立場で保育に携わることができます。次世代の働く親たちを応援できる仕事として、やりがいを感じることができるのではないでしょうか。

このように、求められている現場はどこか、または採用されやすい職種は何かという方向から、自分のセカンドキャリアを考えるのが、世の中のニーズから考える切り口です。できるだけスムーズに仕事に就きたいと考えている人におすすめの考え方です。

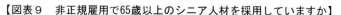

3　誰と一緒にいる時間にしたいかから考える

自分の満足感は何によって引き起こされるのか

人生の後半をどんな人と一緒に過ごしたいかという視点から、セカンドキャリアを考えてみましょう。

過去の自分の「満足を感じたこと」や「やる気が出たこと」と、反対に「不満足だったこと」や「モチベーションが下がったこと」を思い出して挙げていくことで、自己分析をする方法があります。この分析を行うと、自分の満足感が何によって引き起こされるのかがわかります。私はキャリア研修に登壇するときに、しばしばこの分析を取り入れていますが、満足の感じ方は、2つのタイプに分かれます。

1つ目のタイプは、満足度が「何をするか」で決まる人です。

「リーダーを任されたときはやる気が出た」

「開発の仕事が好きなので、新規開発のプロジェクトに参加すると、モチベーションが上がる」

「クレーム処理の部署では、毎日の業務が辛かった」

など、やることによって、満足度が上がったり下がったりする人です。周囲に誰がいたかはそれほど気にしておらず、あくまでも自分が何をしていたかが満足度を決めています。

「誰といるか」で満足度が決まる人

これに対して2つ目のタイプの人は、満足度が「誰といるか」で決まる人です。

「子どもが小さかった頃は、毎日が楽しかった」

「○○さんが上司のときはモチベーション高く仕事に取り組めた」

「○○部では、隣の席の先輩と気が合わなくてやる気が起こらなかった」

というように、何をやっていたかではなくて、誰と一緒だったかで満足度が決まる人です。

もちろん、多くの場合、「何を」と「誰と」はどちらも満足度に影響があるのですが、特にどちらの方が強いかは、人によって違います。自分はどちらのタイプか、一度考えてみるとよいでしょう。

もしあなたが2つ目のタイプ「誰と」が満足度に強く影響を与える人であれば、人生後半のキャリアを考えるときには、どんな人と一緒に過ごしたいかを考えるとよいと思います。

例えば、「尊敬できる人の下で仕事がしたい」と思うのであれば、小規模経営の企業に面接に行き、この会社の経営者は素晴らしい人だと思える会社を探して就職するとよいと思います。

また、「女性同士でワイワイと過ごしたい」と思うのであれば、女性の多い職場を探したり、女性だけの趣味のサークルなどに参加したりするのもいいかもしれません。

「志の高い人と一緒に働きたい」と思う人は、起業セミナーなどに行って、自ら社会課題の解決に取り組みたいと考えている人たちと出会い、その中から気の合う人を見つけて一緒に起業をしてみるのはいかがでしょうか。

その人と過ごした時間は必ずよい時間になる

今挙げた例は、どれも、何をやるかは重要視していません。

「この人と一緒だったら何をやってもモチベーション高く取り組めそうだ」

このように感じる人を見つけて、やることは後から考えるということです。「誰と」が大切だと感じている人にとっては、一緒に過ごす人への納得感があれば、その人と過ごした時間はよい時間だと感じることができるでしょう。

人生後半のキャリアを考える切り口として、「誰と過ごすか」を優先する考え方です。自分に合っていると思う方は、検討してみてください。

4　どこに住む？　場所から考える

子どもは卒業、夫婦は定年退職、その後はどこに住むか？

セカンドキャリアを考えるときに、この後の人生をどこで暮らすかという「場所」を検討することは、とても重要です。

私の場合も、現在は東京に住んでいますが、夫も私も、もともとは東京出身者ではありません。仕事が都内にあったので東京に住み始め、子どもたちも都内の学校に通っていますので、もうしばらくはこのまま東京にいようと思っています。しかし、末の子もあと3年すれば大学生となりますし、勤め人の夫も、いずれは定年退職をします。

我が家は、10年後には、東京に住んでいる必要はなくなりそうです。もし夫の仕事がテレワーク中心になったら、もっと早いタイミングで都内にいる必要がなくなるかもしれません。そうなったときに、どこに住むか？　東京は便利だけれど、もっと自然豊かで広々暮らせる場所がいいような気もするし、現在親が住んでいる実家に引っ越すのもいいかもしれません。いずれにしても、どこに住むかによって、何をするか、何ができるかが違ってきます。

「人生の後半は、ぜひここで暮らしたい」

このように思える場所がある人は、そこに住むことを中心としてセカンドキャリアを考えるとよいでしょう。

いずれは親と同居なら、介護が始まる前に

コロナ禍のお陰で、日本でもテレワークが一気に広がりました。自宅で仕事をする常識ができつつあります。どこに住むかの選択の幅は、テレワークの広がりに比例して広がっていくと言っても過言ではありません。今後の動向を注目していきたいところです。

また、「親の介護が必要になったら、親と同居しよう」と将来の介護に関して考えている人は、介護が始まる前に同居を始めることをおすすめします。もともと一緒に暮らしたこともないのに、いきなり介護つきで同居を開始するのはトラブルの元です。いずれ同居を、と思っているのであれ

ば、介護が必要となる前から同居を始めることをおすすめします。

5　サードキャリア、パラレルキャリアも視野に入れる

70代～80代以降のサードキャリア

ここまで、「セカンドキャリア」の話を続けてきました。あらためて、セカンドキャリアとは何でしょうか？

「第二の人生における職業」と言われることが多いですが、明確な定義はありません。定年退職後の仕事を指すこともあれば、最初に就職した会社から40代くらいで転職をする際に使うこともあります。また、子育てが終わった女性があらためて仕事を始めることをセカンドキャリアと呼ぶこともあります。

社会人になって最初に就いた職業から、40代～60代くらいの年齢で次の職業に移ることをセカンドキャリアと呼ぶことが多いです。本書の中でも、50代以降の女性が、今までとは違うことに挑戦していくことをセカンドキャリアと呼んできました。

昨今では、「サードキャリア」という言葉も使われるようになってきています。つまり、セカンドキャリアが終わった後の、３番目のキャリアと言う意味です。

「55歳で会社を早期退職して、セカンドキャリアとして小規模企業に転職して働く。70歳で退職

したら、サードキャリアとして生まれ育った田舎に引っ越しをして、農業をしながら暮らしていく」

このようにセカンドの次のキャリアも考えるというものです。現在のように100年も生きる時代では、キャリアも3つくらいには分けて考える必要があるかもしれませんね。

あらためて学びを楽しむ

ことわざに「六十の手習い」というものがあります。60歳になってから文字を習うという意味から、年をとってから勉強や習い事を始めることを指します。平均寿命が60歳にもいかない時代の人がこの年齢から文字を習い始めると言うのは、並大抵の気力ではなかっただろうと思います。

このような時代と違い、現代は50歳、60歳なんてまだまだ若いですから、新しく勉強し始めるのをためらう理由はないと思います。

若いときに習いたかったけれど叶わなかったことや、今になって興味が出てきたこと、また、自分が若いときにはなかった新しい技術や考え方などを勉強することは、きっと楽しいと思います。時間も、それなりのお金も手にしている今、あらためて自分の興味のあることに、勉強の時間を取るのもいいのではないでしょうか。

昨今ではリカレント教育が盛んです。生涯教育とも言いますね。地域のカルチャースクールなどで手軽に参加できる教室がたくさん用意されています。また、本格的に大学や大学院に入りなおして、学位を取るのもよいですね。その分野の専門家である教授や、学生たちと一緒に、調査をしたり論文を書いたりするのは、学んでいる実感があることでしょう。

学問以外にも、音楽、美術、料理など、創造的な活動に時間を使えるのも、50代以降の楽しいところです。自分のセカンドキャリアやサードキャリアに、「学び」の要素を入れるのは、とてもいいと思います。

複数のキャリアを同時進行するパラレルキャリア

最後に「パラレルキャリア」という考え方を紹介します。パラレルというのは平行してとか、同時にという意味です。キャリアを、1つ目、2つ目、3つ目と1つずつ考えるのではなく、同時に複数のことをやりながらキャリアを形成していくという考え方です。

「平日は会社に勤めて、休日はボランティア団体で活動する」

「本業の仕事以外に、副業もやっている」

「フリーランスとして、2つの別の職業をやっている」

これがパラレルキャリアの代表的なものと言えます。仕事と子育ての両立や、仕事と介護の両立なども、広い意味でパラレルキャリアと言っていいのではないかと、私は思っています。

キャリアの考え方も多様な時代。私たちはこれから、いかに自分が満足できるか、納得できるか、胸を張って生きていかれるか、そういうことを考えながら人生をおくっていかなければいけません。

この長寿時代に生まれた女性として、お互いに素敵な人生にしていきましょう！

あとがき

この原稿を書いている今は２０２０年9月。コロナ禍が始まってから約半年が経ったところです。たったの半年で、世界も日本も大きく変わりました。コロナ禍の前は、日本では好景気が続き、どの業界でも人手不足。それが、コロナ禍で営業自粛が起こり、失業者が増えたり、倒産が相次いだりしています。収入がなくなって、困っている人も多いと報道できいています。

一方、２０２０年2月〜6月の期間は、例年よりも自殺者が大幅に減少しました。つまり、もしもコロナ禍がなかったら自殺をしていたかもしれなかった人が、コロナ禍のおかげで自殺をせずに済んだ。そういう人が多くいたと言っていいでしょう。1人ひとりにどのようなことが起こっていたのかはわかりませんが、このコロナ禍において、困難になった人もいれば、救われた人もいるのだということを、しみじみと考えてしまいます。

こんなふうに予想外の変化があると、将来に対して不安を感じてしまいますね。でも、目の前で起こった困難ばかりに注目して不安がってばかりいるよりも、人生をもっと長く見渡して、明るい未来を設計してほしと願っています。

そんな風に感じていたときに、「50代以降の女性の人生を応援する本を書きませんか」とお声がけをいただき、私は迷うことなく「はい、書かせてください！」とお返事しました。

「私によい本が書けるかしら」なんて心配は全く考えませんでした。私が本を書くことで、50代以上の女性たちの不安が少しでも減って、元気に未来に向けて動き始めてもらえたらそれでいい。とにかく書こう。そう思って、一気に書き上げました。

私だって不安を感じることはあります。でも、どうせまだ50年近くも生きていくのであれば、前向きに、自分の納得のいく時間を過ごしていきたいと思っています。同年代の女性のみなさん、一緒に頑張っていきましょう！

私の「女性たちにメッセージを伝えたい」という気持ちを見通したように、絶妙のタイミングで執筆の提案をしてくださいました、有限会社イー・プランニングの佐藤さんと代表の須賀さん、そして、うちで出版をと言ってくださった、株式会社セルバ出版に、心より感謝を申し上げます。ありがとうございました。

そして、私の周りにいる50代、60代、70代、それ以上の素敵な女性のみなさんに、感謝しています。

森ゆき

2020年　初秋

著者略歴

森　ゆき（もり　ゆき）

株式会社マイキャリア・ラボ代表取締役。
1968年神奈川県生まれ。青山学院大学理工学部修士課程を修了後、外資系メーカーに入社。電子回路の設計エンジニアとして10年勤務の後、インターネット関連企業に転職。営業企画、マーケティング、人材育成など多岐に渡る業務を担当し、管理職も務める。
2015年にキャリアコンサルタントとして独立。2021年に法人を設立。プライベートでは2男1女の母親。
著書に『「女性のキャリア」のつくり方』『働き方改革は社員のモチベーション改革』などがある。

保有資格：キャリアコンサルティング技能士1級（国家資格）、国家資格キャリアコンサルタント、メンタルヘルス・マネジメント検定Ⅰ種、一般社団法人女性労働協会 認定講師、介護離職防止対策アドバイザー®、Gallup 認定ストレングスコーチ

挿絵：森なつき

人生の後半戦、私たちはもっと輝こう！
女性50代からのキャリアデザイン

2020年11月5日 初版発行　2022年12月27日 第3刷発行

著　者　森　ゆき
© Yuki Mori
発行人　森　忠順

発行所　株式会社 セルバ出版
〒113-0034
東京都文京区湯島1丁目12番6号 高関ビル5B
☎03（5812）1178　FAX 03（5812）1188
http://www.seluba.co.jp/

発　売　株式会社 三省堂書店／創英社
〒101-0051
東京都千代田区神田神保町1丁目1番地
☎03（3291）2295　FAX 03（3292）7687

印刷・製本　株式会社丸井工文社

●乱丁・落丁の場合はお取り替えいたします。著作権法により無断転載、複製は禁止されています。
●本書の内容に関する質問はFAXでお願いします。

Printed in JAPAN
ISBN978-4-86367-621-3

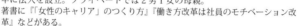